DON
BOSCO

„Dinge, die man als Kind geliebt hat, bleiben im Besitz des Herzens bis ins hohe Alter. Das Schönste im Leben ist, dass unsere Seelen nicht aufhören, an jenen Orten zu verweilen, wo wir einmal glücklich waren."

(Khalil Gibran)

Für Irmingard, Leopold und Jakob Antuan

Gabriele Kubitschek

Resilienz im Alltag fördern

Mutmachgeschichten und Praxisideen für starke Kinder

DON BOSCO

Gerne nehmen wir Ihre Anregungen, Wünsche, Kritik oder Fragen entgegen:
Don Bosco Medien GmbH, Sieboldstraße 11, D-81669 München
anregungen@donbosco-medien.de
Servicetelefon: +49(0)89 480 08-341

Bibliografische Information der Deutschen Nationalbibliothek
Die Deutsche Nationalbibliothek verzeichnet diese Publikation in der Deutschen Nationalbibliografie; detaillierte bibliografische Daten sind im Internet über http://dnb.d-nb.de abrufbar.

4. Auflage 2025 / ISBN 978-3-7698-2206-9

produktinformation@donbosco-medien.de
www.donbosco-medien.de

Layout: ReclameBüro, München
Illustrationen Cover und Innenteil: Liliane Oser, Hamburg
Lektorat: UNGER-KUNZ. Lektorat und Redaktionsbüro
Satz: Don Bosco Medien GmbH, München
Druck: BoD – Books on Demand, Norderstedt

Gedruckt auf umweltfreundlichem Papier

Inhalt

Vorwort 7

Resilienzförderung – wie wir Kinder stark machen 9
Was ist Resilienzförderung? 9
Und was kann die Kita dabei tun? 13
Die Erzieherpersönlichkeit – ein stabilisierender Faktor 14
Resilienzförderung in die Kita-Praxis umsetzen 17

Sarah zieht um 20
Spiele und Ideen zum Thema „Zuversicht und Akzeptanz“ 22

Fasching, Fasching! 27
Spiele und Ideen zum Thema „Loslassen und Neuorientierung“ 30

Blümchen, meine Glückskatze! 35
Spiele und Ideen zum Thema „Engagement und Verantwortungsgefühl“ 38

Komm mit, wir fahrn nach Afrika! 44
Spiele und Ideen zum Thema „Beziehungen und Freundschaften“ 46

Wie Mo und Papa Blümchen wiederfinden 52
Spiele und Ideen zum Thema „Wahrnehmen und Regulieren der eigenen Gefühle“ 54

Sarahs allerschönster Geburtstag 60
Spiele und Ideen zum Thema „Selbstwirksamkeit und Selbstwertgefühl“ 63

Bald ist wieder Winter 69
Spiele und Ideen zum Thema „Achtsamkeit und innere Balance“ 71

Zum Schluss 78

Literaturhinweise 79
Einige Fachbegriffe 80
Zur Autorin 82

Vorwort

Was macht Kinder stark? Schon Johann Heinrich Pestalozzi, Friedrich Fröbel, Janusz Korczak, Maria Montessori und viele andere Pädagoginnen und Pädagogen hat diese Frage bewegt. Sie alle haben für ihre eigene innere Grundhaltung dem Kind und seiner Entwicklung gegenüber pädagogische Konzepte entwickelt und dabei von Achtsamkeit, innerer Wertschätzung, „der Seele Nahrung geben" und von Liebe zum Kind gesprochen. Aktuelle Fachbegriffe, wie „Adultismus" oder „Resilienzförderung", schließen direkt an diese Überlegungen an. Damals wie heute geht es primär darum, Wege und Methoden zu finden, um Kinder in sich selbst zu stärken und ihre Fähigkeiten und Ressourcen so zu fördern, dass sie sich dem Leben und seinen Anforderungen mit Mut und Selbstvertrauen stellen können.

Wieso können manche Kinder Probleme in der Familie, schmerzhafte Verlusterfahrungen oder Versagensängste ertragen und scheinen sogar noch daran zu wachsen, während andere daran zerbrechen? Spielen genetische Faktoren eine Rolle oder sind es vor allem soziale und personale Fähigkeiten und Ressourcen, die dazu beitragen, dass sich Kinder trotz aller widrigen Umstände gut entwickeln? Kann man Kindern und Eltern bei der Stärkung der kindlichen Resilienz Unterstützung anbieten und, wenn ja, welche? Diese drängenden Fragen beschäftigen die Resilienzforschung seit Jahren.

Was inzwischen klar zu sein scheint, ist, dass Resilienz zwar kein angeborenes und damit unveränderliches Persönlichkeitsmerkmal ist, dass genetische Faktoren jedoch sehr wohl mitentscheidend dafür sein können, wie ein Kind auf belastende Erfahrungen reagiert. Andererseits gehen die meisten Resilienzforscher davon aus, dass es sich bei Resilienz überwiegend um eine Fähigkeit handelt, welche das Kind im Laufe der ersten Lebensjahre erwirbt. Jedoch ist diese Fähigkeit immer wieder Veränderungen unterworfen, je nachdem, was das Kind erlebt. Selbst ein grundsätzlich in sich gefestigtes Kind kann durch belastende Erlebnis-

se oder Situationen emotional tief verletzt und verunsichert werden. Und wenn sich ein Kind oder ein Jugendlicher in einer bestimmten Situation als resilient zeigt, bedeutet dies nicht automatisch, dass es so bleiben wird und keine weitere Unterstützung mehr notwendig ist.
Was kann nun speziell die Kita zur Stärkung der Resilienz von Kindern beitragen? Diese Frage will das vorliegende Praxisbuch beantworten. Im ersten, einführenden Kapitel geht es deshalb auch darum, die wichtigsten entwicklungspsychologischen Grundlagen zur Resilienzförderung übersichtlich zusammenzufassen. Der darauf folgende Praxisteil bietet Vorlesegeschichten zu jeweils einem bestimmten Aspekt des Themas „Resilienz“. Zu jeder dieser Geschichten wurden passende Spiele, Übungen, Gestaltungsangebote und vieles mehr zusammengestellt. Damit haben Sie die Möglichkeit, sich gemeinsam mit den Kindern dem jeweiligen Teilthema im Rahmen einer gezielten Resilienzförderung altersadäquat anzunähern.
Und nun wünsche ich Ihnen viel Spaß beim Vorlesen der Geschichten und beim Ausprobieren der Spiele und Übungen!

Gabriele Kubitschek

Resilienzförderung – wie wir Kinder stark machen

Was ist Resilienzförderung?

Die beiden Grundkonzepte, auf denen die aktuelle Resilienzforschung vor allem beruht, sind das Risiko- und das Schutzfaktorenkonzept. Sie werden im Folgenden kurz vorgestellt. Ergebnisse aus der epigenetischen Forschung zum Thema „Resilienz“ wurden in diesem Buch außen vor gelassen, da sie meines Wissens noch keine direkten, konkreten Hilfestellungen bei der Resilienzförderung in der Kita anbieten können.

Das Risikofaktorenkonzept

Im Rahmen des Risikofaktorenkonzepts geht es darum, zu erkennen, welche Faktoren während der frühkindlichen Entwicklung zu einem Risiko für die Ausbildung von Resilienz werden können. Dabei wird grundsätzlich zwischen Vulnerabilitätsfaktoren und sogenannten Stressoren unterschieden.
Als *Vulnerabilität* wird die Verwundbarkeit durch körperliche, soziale und psychische Risikofaktoren bezeichnet, also z. B. durch:

- das angeborene Temperament eines Kindes
- geringe Fähigkeiten zur Selbstregulation (Stichwort: Schreibabys)
- prä-, peri- und postnatale Risikofaktoren (z. B. genetische Dispositionen, Frühgeburt ect.)
- in der frühen Kindheit erworbene unsichere Bindungen
- chronische Erkrankungen

Stressoren sind psychosoziale Bedingungen, die die Entwicklung der Resilienz des Kindes beeinflussen können. Dazu gehören z. B.:

- Armut
- Langzeitarbeitslosigkeit der Eltern
- traumatische Ereignisse (z. B. Fluchterlebnisse)
- schmerzhafte Verluste (z. B. Scheidung oder Tod eines Elternteils)
- chronische familiäre Disharmonie
- die Auswirkungen von Alkohol- und Drogenmissbrauch der Eltern
- psychische Störungen/Erkrankungen der Eltern

Besonders ungünstig wirken sich solche Risikofaktoren aus, wenn sie

- in einem sehr frühen Lebensalter auftreten,
- andauernd oder über einen längeren Zeitraum (mehr als ein Jahr) hinweg auftreten oder
- gehäuft vorkommen, d. h., wenn gleichzeitig mehrere Risikofaktoren vorhanden sind.

Die oben erwähnten, in der frühen Kindheit erworbenen unsicheren Bindungen stellen einen sogenannten „sekundären Vulnerabilitätsfaktor“ dar (Scheithauer/Petermann, 1999). Kinder mit unsicheren Bindungen machen langfristig die Erfahrung, in emotional belastenden Situationen nicht zuverlässig von ihren Bezugspersonen unterstützt zu werden. „Als Folge daraus können sie in schwierigen Situationen ihre Gefühle nicht [oder nur schwer; d. Verf.] regulieren und werden vom Stress überwältigt, was eine produktive Problembewältigung erschwert [...].“ (Brandl, 2010, S. 16, mit Verweis auf Zimmermann, 2008)

Das Schutzfaktorenkonzept

Beim Schutzfaktorenkonzept wird die Grundfrage gestellt, über welche Fähigkeiten, Potenziale und Ressourcen ein Kind trotz einer belasteten Lebenssituation verfügt. Besitzt es nämlich ausreichend Schutzfaktoren, dann ist die Wahrscheinlichkeit hoch, dass es sich trotz aller Schwierigkeiten gut entwickeln wird (siehe dazu auch die Ausführungen unter dem Begriff „Kauai-Längsschnittstudie" am Ende des vorliegenden Bandes). Im Rahmen des Schutzfaktorenkonzepts unterscheidet man zwischen kindbezogenen Faktoren, Resilienzfaktoren und umgebungsbezogenen Faktoren.

Kindbezogene Faktoren sind die angeborenen, personalen Eigenschaften des Kindes, beispielsweise:

- Temperament
- intellektuelle Fähigkeiten
- Eigenantrieb
- Fantasie und Kreativität
- Humor
- u. v. a. m.

Bezüglich dieser kindbezogenen Faktoren sollten folgende Fragen gestellt werden:

- Welche Fähigkeiten hat das Kind?
- Was macht es gerne?
- Welche angeborenen oder erworbenen Defizite hat es?
- Welches Selbstbild hat es, wie ist sein Selbstwertgefühl beschaffen?

Unter *Resilienzfaktoren* versteht man „all jene Eigenschaften [...], die das Kind im Laufe der Zeit durch zahlreiche Interaktionen mit seiner Umwelt erwirbt und die sich durch die Bewältigung der Entwicklungsaufgaben im Laufe der Zeit herausgebildet haben. Hierzu zählen zum Beispiel ein positives Selbstwertgefühl, emotionale und soziale Kompetenz." (Brandl, 2010, S. 25, mit Bezug auf Scheithauer/Petermann, 1999)

Umgebungsbezogene Faktoren beschreiben den Umstand, dass Kinder Erwachsene brauchen, die stabil und verlässlich für sie da sind, um das Grundgefühl von Geborgenheit im Leben entwickeln zu können und so mit Risikofaktoren gut umgehen zu lernen. Sie brauchen Erwachsene, die zu einem positiven Vorbild werden, welches sie mit der Zeit verinnerlichen können. Optimal wäre es, wenn dazu gerade in schwierigen Lebenssituationen mehrere Bezugspersonenkreise, wie Eltern, Großeltern, andere Verwandte, Nachbarn, Pädagogen etc., gemeinsam zusammenwirken könnten, damit sich so ein emotionaler Schutzkreis um das Kind bildet (Brandl, 2010).

In Bezug auf das soziale Umfeld des Kindes bzw. die umgebungsbezogenen Faktoren kommt es also auf folgende Fragen an:

- Stehen die Eltern als stabile Bezugspersonen, als Vorbilder zur Verfügung?
- Welche weiteren Bezugspersonen gibt es für das Kind?
- Wie sind die Freundschaften des Kindes beschaffen?
- Wie ist das individuelle Lebensumfeld der Familie gestaltet?
- Wie ist – bei Kindern mit Migrationshintergrund – die politische und soziale Situation in dem Land, aus dem das Kind stammt?
- Was wird in der Herkunftsgesellschaft des Kindes gefördert oder erwartet?

Für die Resilienzförderung in der Kita-Praxis bieten sich alle drei Bereiche des Schutzfaktorenkonzepts – also kindbezogene Faktoren, Resilienzfaktoren und umgebungsbezogene Faktoren – gleichermaßen an, da „Resilienz […] weder das Ergebnis individueller Eigenschaften noch das Resultat der Umwelt, sondern immer ein Produkt von

Interaktionen zwischen dem Kind und seiner Umwelt [ist].“ (Brandl, 2010, S. 9, mit Bezug auf Yates, 2006)

Und was kann die Kita dabei tun?

Kitas können einen entscheidenden Beitrag dazu leisten, mögliche soziale Ungleichgewichte zu reduzieren und die Auswirkungen von verletzenden Lebensumständen auf Kinder abzumildern. Durch den bewussten pädagogischen Einsatz im Sinne der Resilienzförderung können diejenigen individuellen Faktoren gestärkt werden, die einem Kind dabei helfen, Mut und Vertrauen in das Leben zu entwickeln. Gleichzeitig kann in der Kita eine achtsame Begleitung angeboten werden, damit es seine individuellen Ressourcen und Talente entwickeln kann.
Kinder werden also in der Kita dabei unterstützt, Resilienz zu entwickeln, wenn sie ...

- ... sich geschützt und angenommen fühlen dürfen, so wie sie sind.
- ... die eigenen Talente und Interessen erkennen und im eigenen Tempo ausbauen können.
- ... sich auch mal „langweilen“ dürfen und nicht immer nur „Nützliches“ lernen und tun sollen.
- ... Vorbilder haben, die ihnen authentisch unterschiedliche Bewältigungsstrategien vorleben.
- ... Rituale erleben, die durch die Wiederholung das Gefühl von Sicherheit und Geborgenheit geben.
- ... lernen: „Ich kann Probleme aktiv lösen“ und: „Ich weiß, wie ich mir Wissen aneignen kann.“
- ... lernen, für sich und (entwicklungsgemäß) auch für andere Verantwortung zu übernehmen.
- ... ohne Angst vor Bestrafung Fehler machen dürfen.
- ... sich selbst eigene Ziele setzen, eine eigene Meinung haben dürfen.
- ... lernen, mit Veränderungen und Trauer umzugehen.

- ... lernen, sich zu philosophischen Themen eigene Gedanken zu machen, und diese mit anderen austauschen können.
- ... ein Zugehörigkeitsgefühl entwickeln können.
- ... wissen: „Die Menschen, die mir wichtig sind, glauben an mich und freuen sich mit mir."

Außerdem erleben Kinder im Kita-Alltag immer wieder, dass ihnen Motivation und Ausdauer dabei helfen können, ihre Ziele zu erreichen. Und sie erfahren, dass sie selbst an einer Situation etwas verändern können, ihr also nicht hilflos ausgeliefert sein müssen.
Kurz und gut, sie erleben: „Ich schaffe das!" und: „Es lohnt sich!"

Die Erzieherpersönlichkeit – ein stabilisierender Faktor

Eine stabile, positive und vertrauensvolle Beziehung zählt, wie erwähnt, zu den wichtigsten Schutzfaktoren für Kinder. Doch gerade dann, wenn die Eltern selbst an einem schwierigen Punkt in ihrem Leben stehen, sich mit existenziellen Problemen, Ängsten oder gar mit Flucht und Vertreibung auseinandersetzen müssen, haben sie nicht immer die Kraft, ihrem Kind all das zu geben, was es bräuchte, um sich zu einer stabilen Persönlichkeit zu entwickeln. Hier können auch Menschen, die nicht direkt zur Familie gehören, Kindern zu einem wirklichen Halt werden. Und dazu gehören insbesondere auch Sie als Erzieherinnen und Erzieher:

Verlassen Sie sich auf Ihre fachliche und soziale Kompetenz
Gerade in Ihrer pädagogischen Arbeit, die mit einem hohen Anspruch an fachlicher und sozialer Kompetenz verbunden ist, nehmen Sie eine besondere Brückenfunktion ein. Denn einerseits können Sie die Eltern unterstützend entlasten, andererseits für die Kinder ein stärkendes Vorbild – eine wahre Bezugsperson –

sein. Eine der Grundlagen dafür ist auch das von dem israelisch-amerikanischen Medizinsoziologen Aaron Antonovsky entwickelte Konzept der Salutogenese. In diesem Zusammenhang ist es von besonderer Bedeutung, dass das Kind von einer Reihe von emotionalen „Schutzhüllen" umgeben ist, die es in seiner Resilienz stärken:

So:

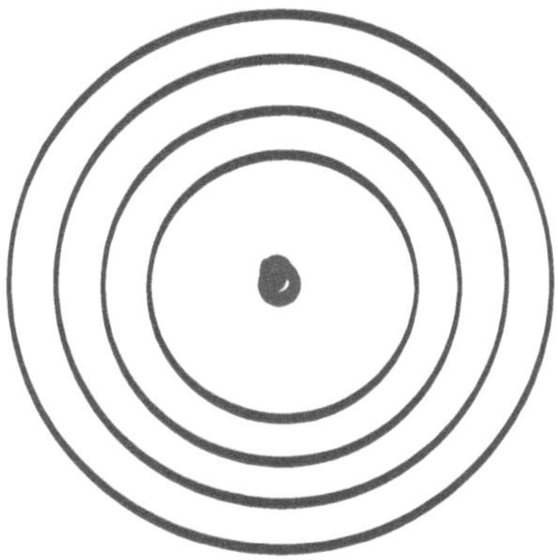

Nicht so:

Dafür braucht es Erwachsene, die miteinander reden und sich in Wertschätzung austauschen, denn so kann sich ein Kind beschützt und sicher fühlen!

Nützen Sie Ihre Fähigkeit zur Selbstreflektion

Als Erzieherin und Erzieher zeigt sich Ihre hohe Verantwortung auch darin, dass Sie Ihre eigenen Werte, Vorstellungen und Handlungen immer wieder neu auf den Prüfstand stellen können. Dies erfordert viel persönliche Offenheit, Flexibilität und auch Selbstbewusstsein. Doch denken Sie daran: Niemand kann oder muss stets perfekt sein! Bleiben Sie auch sich selbst gegenüber verständnisvoll, gerade dann, wenn einmal etwas nicht ganz so läuft wie geplant. „Fehler" können so zu wertvollen Impulsen werden, um für anstehende Probleme Lösungen zu finden. Und: Loben Sie sich auch einmal selbst dafür, wie viel Herz, Engagement und Fachkenntnis Sie in Ihren Beruf einbringen.

Zeigen Sie dem Kind gegenüber bewusstes Sprachverhalten und Liebe

Lassen Sie sich nicht zu Adultismus hinreißen! Das, was man selbst als Kind an abwertenden Worten oder Sprüchen zu hören bekommen hat, wird so lange das eigene Sprach- und Erwartungsverhalten mitfärben, bis man sich dessen bewusst wird. Worte können verletzen – oft mehr, als man denkt. Sie können emotionale Abneigungen verursachen, Stressreaktionen hervorrufen, ein negatives Selbstbild, Angst vor Entscheidungen und vieles mehr. Sprüche wie: „Natürlich du schon wieder!“ oder: „Kannst du denn nie etwas richtig machen?“ oder: „Wenn Erwachsene sprechen, haben Kinder still zu sein!“ schwächen das Selbstwertgefühl der Kinder.

Erkennen Sie Vorurteile und sich selbst erfüllende Prophezeiungen

Wird ein Kind von anderen als zu langsam, ungeschickt, dumm usw. beurteilt, so wird es auf diese Erwartungshaltungen selbst dann reagieren, wenn sie nicht explizit ausgesprochen werden! Es besteht die Gefahr, dass das Kind lernt, sich irgendwann auch selbst als Versager zu sehen bzw. im Sinne einer sich selbst erfüllenden Prophezeiung tatsächlich die Verhaltensmuster zeigt, die man ihm vorher nur zugeschrieben hat. Oft wird die vermeintliche oder tatsächliche Unterlegenheit von ihm dann auch mit Aggressivität oder innerem Rückzug kompensiert.

Setzen Sie Ihren pädagogischen Humor ein

Gelassenheit, Verständnis und Humor sind wichtige Bausteine, um eine positive und vertrauensvolle Beziehung zu einem Kind aufbauen zu können. Gerade dann, wenn Kinder in Situationen leben, die sie stark verunsichern und ängstigen, brauchen sie Bezugspersonen, die ihnen neben Klarheit, Kontinuität und Stabilität auch Humor und Freude anbieten.

Resilienzförderung in die Kita-Praxis umsetzen

Wie kann nun dieses theoretische Wissen in die tägliche Kita-Praxis umgesetzt werden? Ein Praxiskonzept zur bewussten Resilienzförderung in der Kita zu gestalten, ist ein sehr vielschichtiges Unterfangen. Deshalb erscheint es manchmal – gerade in der Anfangsphase – als noch wenig greifbar. Doch jeder einzelne Schritt der Umsetzung ist wertvoll und für die Kinder bedeutsam. Von besonderer Wichtigkeit ist dabei jedoch stets eine beständige und für das Kind verlässliche, einschätzbare Bezugsperson. Der US-amerikanische Neuropsychologe und Pädagoge Sam Goldstein hat in diesem Zusammenhang drei wichtige Aspekte genannt, welche eine Bezugsperson beachten sollte:

- Die Stärken der Kinder ausbauen anstatt sie „reparieren“ zu wollen
- Sich fragen, wie man mit Kindern reden sollte, damit sie für das empfänglich sind, was man ihnen sagen möchte
- Mit Kindern so sprechen, wie man selbst angesprochen werden möchte (Stichwort: Adultismus)

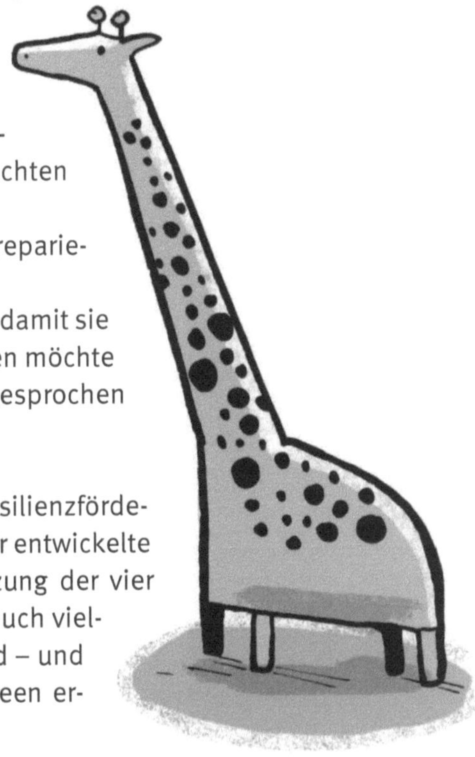

Als Grundorientierung für den Einstieg in die Resilienzförderung in der Kita kann Ihnen das folgende, von mir entwickelte Konzept Anhaltspunkte bieten. Für die Umsetzung der vier dort genannten Bereiche finden Sie in diesem Buch vielseitige Praxisanregungen, die Sie sicherlich bald – und je nach Bedarf Ihrer Gruppe – durch eigene Ideen ergänzen werden:

Körper & Sinne	Natur & Umwelt	Gestalten	Bezugspersonen
„Ich spüre mich." *„Ich bewege mich."* *„Ich nehme mich selbst und den anderen körperlich wahr."*	*„Ich erlebe die Natur und die Welt um mich herum mit allen meinen Sinnen."* *„Ich pflege das, was mir anvertraut ist."* *„Ich übernehme dafür Verantwortung."*	*„Ich erfahre mich und meine Welt aktiv im Erforschen und Gestalten."* *„Fehler zu machen und Probleme sind dabei Teil meines Weges und gehören mit dazu."* *„Ich entwickle eigene Ideen und lerne, sie zu realisieren."*	*„Du bist verlässlich für mich da."* *„Du gibst mir Hilfestellung, wenn ich sie brauche und möchte."* *„Du hörst mir zu und respektierst mich, auch wenn ich anderer Meinung bin."* *„Du lässt mich selbst experimentieren und forschen, auch wenn ich dabei Fehler mache."* *„Du gibst mir das Gefühl, dass ich mit dazugehöre."*

Vier Grundpfeiler für einen möglichen Einstieg in die Resilienzförderung in der Kita (nach dem BIM-BAM-BINI®-Konzept)

In meiner Kita-Praxis haben sich dabei als methodischer „Türöffner“ in die Welt der Gefühle vor allem (Vorlese-)Geschichten sehr gut bewährt. Sie sind für die Kinder ein spannender Weg und ein Anstoß, um:

- sich Gedanken zu einem bestimmten Thema zu machen
- sich selbst bewusster wahrzunehmen
- eigene Erfahrungen reflektieren zu lernen
- sich mit anderen auch über essenzielle Fragen des Lebens auszutauschen

Die (Vorlese-)Geschichten in diesem Buch sind überwiegend für die Altersgruppe ab ca. 4 Jahren konzipiert worden, können aber auch leicht für eine jüngere Altersgruppe abgeändert werden, indem man sie, den wichtigsten Inhalt zusammenfassend, kürzt.

Durch die jeweils auf die Geschichten folgenden Aktionsideen kommt das pädagogische Prinzip der Teilhabe (Partizipation) hinzu, und zwar mit dem Ziel, die durch die Geschichten bei den Kindern angestoßenen Entwicklungsprozesse zu vertiefen. Bunte, kreativ-gestalterische Aufgaben runden die jeweiligen Themenschwerpunkte ab. So entsteht ein weites und vielseitiges Spektrum an Inspirationsquellen, die sich im Rahmen einer bewussten Resilienzförderung gut in der Kita-Praxis umsetzen lassen. Bei den Aktionsideen finden Sie des Öfteren jeweils ein passendes Angebot für die Unter-Dreijährigen und eines für die älteren Kinder. Aber auch hier gilt: Alle Altersangaben bei den Spielen und Übungen sind nur als Vorschläge zu betrachten und daher flexibel dem jeweiligen Entwicklungsalter der Kinder anzupassen.

Sarah zieht um

Eine Vorlesegeschichte zum Thema „Zuversicht und Akzeptanz“

„Alle Koffer sind gepackt,“ sagt Mama leise, „wir fahren jetzt los!“ „Wir“, das sind Mama, Mo und Sarah. Bis heute haben sie in einem Dorf gewohnt, mit weiten Wiesen und Feldern rundherum, mit Tieren und Bauernhöfen, im selben Haus wie Omimi und Opa und mit Tante Susanne im Nachbarort. Doch jetzt hat Papa eine neue Arbeit gefunden und die ist in einer großen Stadt und weit weg von zu Hause. „Papa ist schon in der neuen Wohnung und wartet dort auf uns“, sagt Mama gerade und schiebt die letzte Tasche auf den vorderen Sitz des Autos. „Wohnen wir jetzt wirklich ganz, ganz weit weg?“, will Sarah von Mama wissen. Aber ihre Mama schaut sie nur an und lächelt: „Komm, wir schaffen das schon!“

Neben Mamas Auto stehen Opa und Omimi, um Abschied zu nehmen. Opa umarmt Mama und Sarah und zum Schluss nimmt Omimi auch Sarah noch einmal in die Arme und gibt ihr einen dicken Kuss. Dann gehts wirklich los: Mama startet das Auto und alle winken sich zum Abschied noch einmal zu. „Meldet euch, wenn ihr angekommen seid!“, sagt Omimi. „Klar, tun wir, doch es wird spät werden!“, ruft Mama aus dem offenen Autofenster zurück. Sie tut so, als ob sie nur mal schnell in die Ferien fahren und bald wieder zurückkommen, doch Sarah weiß ganz genau, dass das so nicht ist. Nie mehr! Und Mamas Auto fährt immer weiter und weiter fort!

Sarah hält ihre Puppe Marie ganz fest und guckt starr aus dem Autofenster. „Wie gut, dass du bei mir bist“, flüstert Sarah Marie zu, denn mit Mama kann sie jetzt nicht reden und Mo versteht ja noch gar nicht, was geschieht. Er nuckelt zufrieden an seinem Schnuller und schläft bald ein. Sarah drückt Marie fester an ihr Herz und draußen auf der Straße fallen immer mehr dicke weiße Schneeflocken traurig in den Straßengraben.
Langsam wird es duster und immer dunkler. Sarah hört, wie sich die Autoreifen auf der Straße drehen. Sie summen dabei immer wieder dieselbe eintönige Melo-

die: „Rumm, rumm, rumm, rumm“, und dabei ziehen die Häuser von Mitterfelden wie Schatten an ihnen vorüber. „Du wirst schon sehen, unsere neue Wohnung ist groß und schön“, sagt Mama, doch da ist Sarah auch schon eingeschlafen.
Erst als sie Papas liebe Stimme hört, wird sie wieder wach. Verschlafen reibt sich Sarah die Augen und kuschelt sich an Papas Arm. Und der flüstert: „Hallo, mein Schatz, da bist du ja endlich. Ich hab mich schon so auf euch gefreut!“ Und dann bekommt sie ein dickes Papabussi und spürt, wie er sie in das neue Haus, in die neue Wohnung und in ihr neues Bett bringt.
Oben am dunklen Nachthimmel leuchten die Sterne. Ruhig und klar schimmern sie durch den schmalen Vorhangspalt und Sarah wünscht sich beim Einschlafen, dass alles wieder gut wird. Bitte, bitte, ganz schnell!

Spiele und Ideen zum Thema „Zuversicht und Akzeptanz“

Hintergrund

Bewältigungsstrategien, wie Zuversicht und Akzeptanz, zu entwickeln, beginnt dort, wo man lernt, die eigenen Gefühle wahrzunehmen und ihnen einen Namen und damit auch ein „Gesicht“ zu geben. Und in jedem Schweren kann auch etwas Gutes verborgen sein. Eine belastende Situation neu bewerten zu lernen, bedeutet, sich nicht nur mit dem schmerzlichen Teil davon zu befassen. Dies kann der erste Schritt sein, um einmal feststehende Veränderungen annehmen zu lernen und damit wieder schneller zu einem inneren Gleichgewicht zurückzufinden. Ein Kind, das eine schmerzliche Erfahrung erlebt, befindet sich in diesem Augenblick emotional außer Balance. Um einen Weg zurück zu sich selbst zu finden, braucht es eine von ihm selbst frei gewählte Möglichkeit, eine Aktion, um sein Gefühl ausdrücken und ausleben zu können. Damit hat es die Chance, sein inneres Gleichgewicht schneller wiederzufinden. Welchen Weg es dafür wählt,

hängt auch von seinem Grundtemperament und seiner Tagesform ab. Beispiele für solche Wege könnten sein:

- Bewegung und Spiel im Freien, in der Natur
- sich mit einem Tier beschäftigen, es streicheln und versorgen
- von der belastenden Situation erzählen dürfen
- ein selbst gewähltes Puppen-Rollenspiel machen
- sich durch die Nähe und das Verständnis einer geliebten Person getröstet fühlen
- eine kleine Geschichte erzählt bekommen oder eine Entspannungsübung machen
- etwas mit den eigenen Händen gestalten
- sich im Garten mit Pflanzen beschäftigen
- u.v.a.m.

Meine Gefühle!

Ziel:	die eigenen Gefühle wahrnehmen, erkennen und benennen
Alter:	ab ca. 3 Jahren
Material:	evtl. gemütliche Sitzkissen, Teppich oder Stühle; Malpapier; Buntstifte, Filzstifte oder Wachsmalkreiden; evtl. Stift zum Beschriften der Selbstporträts

Die Kinder sitzen bequem auf Sitzkissen oder einem Teppich auf dem Boden bzw. im Stuhlkreis. Dann wird die oben stehende Geschichte vorgelesen. Mögliche Fragen für den Beginn des anschließenden Gesprächskreises sind:

- Warum ist Sarah in der Geschichte so traurig?
- Was kann dich traurig machen?
- Wie sieht dein Gesicht dann aus?
- Wie fühlt es sich an, wenn du traurig ist (im Körper, im Herzen ...)?
- Wie fühlt es sich an, wenn du glücklich bist?
- Was macht dich glücklich?

Nach dem Gespräch darf jedes Kind ein Selbstporträt zum Thema „So sehe ich aus, wenn ich traurig/glücklich bin!“ malen. Wer mag, kann sein Bild zum Schluss der Gruppe vorstellen und etwas dazu erzählen. Es ist aber wichtig, die Kinder selbst entscheiden zu lassen, ob sie das möchten.

Variante

Man kann zu allen Selbstporträts eine kurze schriftliche Zusammenfassung erstellen und so aufschreiben, was den Kindern in diesem Zusammenhang wichtig ist. So können sich auch die Eltern zu dem Thema informieren und sich mit Ihnen eventuell nochmals darüber austauschen. Schön ist es auch, mit den Werken der Kinder eine kleine Ausstellung zu gestalten.

Methodisch-didaktischer Hinweis

Gespräche, die geführt werden, während man auf dem Boden sitzt, sprechen die Kinder auf einer emotional „tieferen“ Ebene an und eignen sich daher besonders gut zum Einstieg in das Thema.

In meinem Bauch fühlt es sich so an!

Ziele:	die eigenen Gefühle wahrnehmen, erkennen und benennen; Gefühle durch die eigene Wahrnehmung regulieren lernen; die Körperwahrnehmung stärken; durch die vertiefte Atmung Ruhe und Entspannung erreichen
Alter:	ab ca. 3 Jahren
Material:	gemütliche Sitzkissen oder Stühle

Die Kinder sitzen gemütlich im Kreis auf Kissen oder auf Stühlen. Bevor die oben stehende Geschichte von Sarahs Umzug vorgelesen wird, legen alle Kinder beide Hände sanft auf den Bauch und spüren in ihn hinein. Dabei atmet jeder in seinem eigenen Rhythmus entspannt einige Male ein und tief wieder aus. Es ist wichtig, hier keinen Rhythmus vorzugeben!
Dann werden die Kinder gefragt: „Wie fühlt sich dein Bauch jetzt an?“ Man sollte den Kindern dabei unbedingt genügend Zeit geben, um intensiv nachzuspüren. Anschließend darf, wer mag, kurz von seinem „Bauchgefühl“ erzählen. Danach wird die Geschichte von Sarahs Umzug vorgelesen bzw. für die Kleineren zusammenfassend erzählt.
Zum Abschluss wird die Atemübung zur Körperwahrnehmung nochmals wiederholt. Mögliche Fragestellungen können jetzt sein: „Hat sich etwas verändert?“ Und, wenn ja: „Was hat sich verändert und warum?“

Faschinng, Fasching!

Eine Vorlesegeschichte zum Thema „Loslassen und Neuorientierung“

Fast zwei Monate ist es nun schon her, dass Sarah in die große Stadt gezogen ist. Jetzt steht Fasching vor der Tür! In den Straßen ist es matschig grau geworden. Fridolin, Sarahs Schneemann, steht draußen auf dem Parkplatz, gleich neben Papas Auto, und bekommt schon ganz weiche Knie. Er schmilzt jeden Tag ein bisschen mehr und Sarah guckt ihm dabei vom Küchenfenster aus mucksmäuschenstill zu. Und Mama, die telefoniert schon wieder mal mit Tante Susanne.

„Was? Nein, weiß ich nicht, aber ich werd sie gleich mal fragen“, antwortet Mama gerade in den Telefonhörer und legt dann auf. Tante Susanne ist Mamas Schwester und Sarahs Lieblingstante – normalerweise, aber nicht heute.

„Du, sag mal, Tante Susanne hat mich gefragt, als was du dich dieses Jahr im Fasching verkleiden möchtest“, will Mama wissen. „In drei Tagen ist doch euer Fest im Kindergarten, also wofür hast du dich entschieden?“ „Keine Ahnung,“ murrt Sarah, „vielleicht als doofe Prinzessin oder blöder Dinosaurier.“ Sarah ist sauer, sie starrt unentwegt weiter nach draußen auf Fridolin. „Als was bitte?“, fragt ihre Mama nach. Sie hat wohl wirklich nichts verstanden! „Ich weiß es nicht und ich hab auch echt gar keine Lust auf Fasching!“, faucht Sarah zurück.

Zum allerersten Mal kann sie sich nicht auf Fasching freuen. Alles hier in der Stadt ist nur doof! Im neuen Haus, wo sie jetzt wohnen, sprechen die Menschen fast nie miteinander. Und die Kinder in Sarahs Kita wohnen alle ganz woanders als sie selbst und so gibt es niemanden, mit dem sie nachmittags spielen könnte. Aber das Aller-, Aller-, Allerschlimmste ist, dass Sarah hier noch immer keine einzige Freundin gefunden hat.

Bevor Mama weiterfragen kann, läutet es zweimal an der Wohnungstür: „Kling, klong, kling, klong!“ Frau Peters von nebenan steht draußen und hält ein großes Paket in der Hand. „Kam heute Vormittag für sie an, Frau Apfelgrün“, sagt sie freundlich und übergibt Mama das Paket. „Schau mal, Sarah, von Tante Sus! Was da wohl drinnen ist?“, wundert sich Mama. Sie stellt das Paket auf dem Küchentisch ab und mit einem „Ach du meine Güte, das ist aber schwer!“ holt sie rasch eine Schere aus der Schublade hervor. Jetzt wird auch Sarah neugierig.

„Schnipp, schnapp, schnipp, schnapp“ – vorsichtig bahnt sich die Schere ihren Weg durch das dicke Packpapier! Dann endlich liegt vor den beiden eine goldglänzende eckige Schachtel. Groß und schwer liegt sie da und ganz genau so wie eine der Piratenschatzkisten, von denen Opa immer erzählt. „Was da wohl drin ist?“, staunt Sarah. „Na, das werden wir wohl nur herausfinden, wenn du sie endlich öffnest. Komm, beeil dich, ich platze schon vor Neugierde!“, drängelt Mama.

Zuerst entdecken Sarah und Mama einen Brief, dann ein goldgrün glitzerndes Etwas und eine geheimnisvolle Schuhschachtel. „Ich lese mal vor“, beschließt Mama. „Also, das Paket ist von Tante Susanne und sie schreibt: ‚Liebe Sarah, Überraschung, Überraschung! Ich dachte mir, Du freust Dich über ein von mir selbstpersönlich genähtes Faschingskostüm. Ich habe es aus Omas alten Glitzerstoffen genäht und soll Dir einen ganz lieben Gruß von ihr sagen. Und im Schuhkarton findest Du einen Beutel mit Opas berühmten Faschingskrapfen. Er hat sie extra für Dich gebacken! Vielleicht magst Du ja auch welche mit in den Kindergarten nehmen? Also dann, liebste Grüße an Euch alle und viel Spaß auf der Faschingsfeier! Bis bald! Deine Tante Sus.‘“

Und wirklich, als Sarah die Schuhschachtel öffnet, liegen unter einer dünnen Folie aus Plastik 30 kleine runde, weiß überzuckerte Faschingskrapfen, gefüllt mit süßem Vanillepudding! Eng aneinandergedrängt liegen sie in der Schachtel und auf einem kleinen Zettel steht: „Liebe Sarah, für ein lustiges Faschingsfest! Dein Opa!“ Und dann zieht Sarah ein prächtiges Feenkostüm aus dem Paket hervor

und staunt. Und jetzt hat sie auch wieder richtig gute Laune und ruft: „Juhu, ein echtes Feenkostüm!“
Ja, Tante Sus weiß doch immer, was Sarah gefällt!

Spiele und Ideen zum Thema „Loslassen und Neuorientierung“

Hintergrund

Die Basis für eine hoffnungsvolle Grundeinstellung nach dem Motto: „Ich schaffe das schon!“ entwickelt sich innerhalb der ersten Lebensjahre. Doch gerade in diesen ersten Jahren erfahren viele Kinder immer wieder unerwartete und tief greifende Veränderungen in ihrem Leben. Die Geburt eines Geschwisterchens, ein Umzug, der Verlust von geliebten Bezugspersonen u. v. a. m. – alle diese Erfahrungen können sich stark verunsichernd auf die Gefühlswelt der Kinder auswirken und damit ihr Grundvertrauen in das Leben tief erschüttern.
Um zu lernen, mit wechselnden Lebensumständen gut zurechtzukommen, brauchen Kinder die Fähigkeit, Veränderungen anzunehmen, sowie die aus bisherigen Erfahrungen erwachsende Erkenntnis, dass aus einer Veränderung auch etwas Gutes hervorgehen kann.

Wir gestalten eine Faschingsschatzkiste

Ziele:	eigene Ideen entwickeln, sie mit Fantasie und Kreativität verwirklichen und möglichst selbstständig ausführen; stolz sein auf die eigene Leistung
Alter:	Version 1: ab ca. 3,5 bis 4 Jahren; Version 2: unter ca. 3,5 Jahren
Material:	pro Kind eine Schuhschachtel mit Deckel; weiße, deckende Farbe; Tapetenkleister; Acrylfarben oder andere Farben; dicke und dünne Pinsel; farbige Papiere oder bunte Zeitschriften; Scheren; Kleber; Glitzersand, Federn etc.; evtl. Pappteller und halbierte Küchenschwämme als Ersatz für die Pinsel

Version 1

Die Schachtel und deren Deckel werden vorab mit weißer, deckender Farbe (dabei bitte auf mögliche Allergien der Kinder achten!) grundiert. Wenn die Grundierung getrocknet ist, wird der angerührte Kleister mit einem dicken Pinsel auf die Außenseiten der Schachtel und die Oberseite des Deckels gestrichen. Danach bemalen die Kinder Schachtel und Deckel, je nach Geschmack und Alter, entweder mit feineren Pinseln mit bunten Farben oder sie reißen bunte Papiere und kleben diese auf ihre Schachtel. Abschließend kann man alles mit Glitzersand, Federn etc. noch weiter verschönern.

Wenn diese Kinderkunstwerke fertig sind, hat jeder eine wahre Faschingsschatzkiste, in der er sammeln kann, was ihm wichtig ist. Bei der Gestaltung kann nichts schiefgehen, denn jede Schatzkiste wird garantiert wunderschön und glänzt aufgrund des Tapetenkleisters ganz super!
Anschließend kann in einer Fragerunde darüber diskutiert werden, welche Schätze die Kinder in ihre Kisten legen wollen und was ihnen dabei wichtig ist.

Version 2

Bei jüngeren Kindern bietet es sich an, dass man die verschiedenen Farben, z. B. die drei Grundfarben, mit dem angerührten Kleister vermischt und anschließend auf je einen Pappteller gibt. Nach der Grundierung stempeln die Kinder dann die Farben mithilfe eines halbierten Küchenschwamms in Tupftechnik auf die

Schachteln. Anschließend entscheiden sie ebenfalls, ob sie noch Glitzersand, bunte Federn etc. zur Verzierung ihrer Schatzkisten möchten.

Methodisch-didaktischer Hinweis
Die Basteltechnik mit Kleister und Papier ist vielseitig einsetzbar. Sie bietet den Kindern die Möglichkeit, ihre Fantasie leicht in die Tat umzusetzen. Dadurch machen auch weniger geübte Kinder die Erfahrung, ein „schönes Ergebnis“ zu erzielen.

Was sich Sarah wohl so denkt?

Ziele:	die Zusammenhänge in der Geschichte erkennen lernen; den Mut stärken, in der großen Gruppe darüber zu sprechen, was einem wichtig ist; über eventuelle eigene Erfahrungen zum Thema sprechen und sie so weit wie möglich reflektieren lernen
Alter:	ab ca. 4 Jahren
Material:	Sitzkissen oder Stühle; evtl. Fotos von den Lieblingstanten oder -onkeln; evtl. Malstifte und Malpapier

Alle Kinder und auch der Erwachsene sitzen entweder im Stuhlkreis oder im Kreis auf dem Boden. Dann wird die Geschichte von Sarahs Überraschungs-Faschingspaket vorgelesen. Nach der einleitenden Frage, was den Kindern an dieser Geschichte gefallen hat und was nicht, werden an die Gruppe gezielt weitere Fragen gestellt, so z. B.:

- Warum war Sarah so verärgert, bevor sie ihr Paket geöffnet hat?
- Hast du auch eine Lieblingstante oder einen Lieblingsonkel?
- Wie sollte sie/er sein, was wünschst du dir von ihr/ihm?
- Ob Sarah wohl die Faschingskrapfen mit in den Kindergarten nimmt und, wenn ja, warum?
- Wie könnte die Geschichte weitergehen?

Die Erfahrungen und Meinungen der Kinder zu diesen Fragen werden gesammelt und zum Abschluss nochmals kurz für sie zusammengefasst. Darauf aufbauend, kann man die Kinder bitten, von ihrer Lieblingstante oder ihrem Lieblingsonkel – wenn sie eine solche bzw. einen solchen haben – ein Foto mitzubringen. Diese Fotos werden dann am nächsten Tag zu einer großen Collage zusammengefügt. Die Kinder können aber auch ein Bild von sich und ihrer Lieblingstante oder ihrem Lieblingsonkel für die Portfoliomappe malen oder zeichnen.

Methodisch-didaktischer Hinweis

Auch hier gilt wieder: Gesprächskreise, die auf dem Boden sitzend durchgeführt werden, laufen erfahrungsgemäß intensiver und emotionaler ab als beim Sitzen auf Stühlen und bringen so tiefer gehende Ergebnisse.

Blümchen, meine Glückskatze!

Eine Vorlesegeschichte zum Thema „Engagement und Verantwortungsgefühl“

„Morgen bemalen wir im Kindergarten Ostereier“, erzählt Sarah beim Abendessen. „Ach ja, Ostern!“, erinnert sich Mama und guckt Papa fragend an. „Was haltet ihr denn davon, wenn wir in den Osterferien für einige Tage zu Opa und Omimi fahren?“, fragt Mama. „Endlich!“, freut sich Sarah und Mo trommelt stürmisch mit dem großen Plastiklöffel auf den Esstisch: „Päng! Klapper! Klapp!“ „Gut, abgemacht“, meint Papa. Und schon eine Woche später läuft Sarah in Omimi‘s selbst gestrickten Socken wieder durch das Haus in Mitterfelden. „Das Haus ist leer ohne euch“, sagt Omimi zu Papa und Papa nickt und streichelt Omimi‘s Arm: „In Petershagen ist es auch schön, nur eben anders als hier!“
Doch auch Mitterfelden hat sich verändert! Jeden Tag entdeckt Sarah etwas Neues! Die süßen Kälbchen beim Bauern Fritsch, die große rote Schaukel hinter der Scheune und Milly, ihre allerbeste Freundin, hat schon Fahrradfahren gelernt! Ja, so vergehen die Osterferien viel zu schnell. Und dann, am letzten Tag beim Frühstück, geschieht etwas Unerwartetes:
Draußen vor der Tür maunzt es plötzlich ganz jämmerlich und laut! „Miaaaauuuu! Miau!“ „Bei uns gibt es jetzt eine ganze Menge Katzen“, erzählt Opa. „Wisst ihr, die maunzen und schreien am liebsten die ganze Nacht. Nur morgens eigentlich normalerweise nicht, das ist noch nie passiert.“ „Miaaaauuuu! Miau!“ Jetzt hören sie es alle wieder. „Kann man denn nicht mal in Ruhe frühstücken?“, sagt

Papa genervt. „Lass doch mal," beruhigt ihn Mama, „vielleicht hat sie ja ganz einfach Hunger." „Hmmm", schnaubt Papa durch seine Nase.
„Eine Katze?" Fast alle Kinder, die Sarah kennt, haben eine Katze oder wenigstens einen Hamster, nur sie nicht. „Du, Omimi, sag mal, darf ich ihr etwas von meiner Milch geben?", fragt Sarah. Omimi guckt Mama an und bevor die antworten kann, hören es alle wieder: „Miaaaauu!" „Vielleicht ist es ja Morle, die Katze vom Bauern Fritsch?", überlegt Mama und schlägt vor: „Schau'n wird doch einfach mal nach, was los ist!"
Auf der Treppe vor Omimis Haustür, gleich in der Ecke, dort, wo Sarahs rote Regenstiefel immer stehen, kauert ein kleines Katzenbaby. Es ist ganz nass und wer Katzen kennt, der weiß, dass sie eines überhaupt nicht mögen, und das ist, ein nasses Fell zu haben. Sie guckt Sarah und Mama aus ihren sanften blauen Babykatzenaugen an und zittert. Vielleicht aus Angst oder vielleicht, weil sie friert? Sarah weiß es nicht, sie weiß nur, dass die kleine Katze nicht draußen bleiben kann. „Nicht, dass du dich noch erkältest!", sagt sie und hebt die kleine Katze vorsichtig hoch. Die kuschelt sich sofort in Sarahs Arme, ganz so, als hätte sie nur darauf gewartet.
„Schaut mal, eine richtige Glückskatze!" Stolz steht Sarah vor dem Esszimmertisch und alle gucken sie neugierig an. „Düdade?", fragt Mo. Und Omimi sagt: „Hol doch schnell ein frisches Handtuch aus dem Bad für die Kleine." Sarah sucht das kuscheligste Handtuch aus, das sie finden kann und wickelt dann das Kätzchen sachte darin ein.
Die anderen sitzen alle am Frühstückstisch und betrachten Sarah und das Kätzchen. „Ob das eines der Katzenkinder von Morle ist?", überlegt Papa laut und kratzt sich dabei nachdenklich die Stirn. „Hergeben tue ich sie jetzt nicht mehr, jetzt ist das meine Katze, meine ganz allein!", bestimmt Sarah.
Und Omimi meint: „Hört sich so an, als ob ihr Familienzuwachs bekommen habt, sie schnurrt richtig glücklich!" „Schauen wir mal", erwidert Mama. „Kommt ja

gar nicht in die Tüte!“, brummt Papa, doch Sarah hört ganz genau, dass er gar nicht so böse auf die kleine Katze ist. Und die kleine Glückskatze guckt zufrieden aus dem Kuschelhandtuch hervor und schnurrt. „Ich nenne sie Blümchen“, sagt Sarah. „Wenn überhaupt, dann heißt sie Lilly“, meint Papa und zwinkert Sarah dabei zu. „Ilie, ilie“, wiederholt Mo und lacht über sein ganzes Gesicht. „Nein, Blümchen!“, bestimmt Sarah. „Bevor ihr euch über den Namen streitet, müssen wir Herrn Fritsch erst einmal fragen, ob wir das Kätzchen überhaupt behalten dürfen. Ja, und wer sorgt dann jeden Tag für es?“, will Mama wissen.

„Das mache ich ganz alleine“, bestimmt Sarah. „Ich bin ja schon groß!“

Spiele und Ideen zum Thema „Engagement und Verantwortungsgefühl“

Hintergrund

Durch eigenes Handeln und tatkräftigen Einsatz können Situationen verändert und auftretende Probleme gelöst werden. Verantwortung zu übernehmen, bedeutet für Kinder: „Ich kann etwas bewirken, ich bin wichtig, man braucht mich!“ Um dies zu lernen, brauchen sie alters- und entwicklungsadäquate Aufgaben und Pflichten, aber auch die Sicherheit, Unterstützung zu erhalten, wenn sie diese benötigen sollten. Gute Beispiele dafür, wie Kinder ganz selbstverständlich und Schritt für Schritt lernen können, Verantwortung zu übernehmen, finden sich in der tiergestützten Pädagogik, aber auch in der Versorgung und Pflege von Blumen und Kräutern.

Wenn es darum geht, erlittene seelische Belastungen gut zu verarbeiten, nehmen Tiere erfahrungsgemäß eine ganz besondere Rolle ein. Ein Tier, das ein Kind täglich liebhaben, streicheln und versorgen darf und soll, wird bald zu einem wertvollen „Freund“ und Vertrauten. Tiere schenken Freude, Nähe und Körperkontakt und bewerten das Kind nicht. Zudem vermitteln sie, dass sie auf die regelmäßige Fürsorge durch das Kind angewiesen sind, dass das Kind also wichtig ist.

Kuschelige Streichelbilder

Ziele: persönliche Vorlieben erkennen; eventuelle Ängste vor Katzen oder anderen Tieren benennen; die Sensibilität der Wahrnehmung in Fingern und Händen schulen; die Kinder für die Unterschiede der verwendeten Materialien sensibilisieren; das Gemeinschaftsgefühl in der Gruppe durch das Gemeinschaftsbild stärken

Alter: ab ca. 3 Jahren

Material: Stühle und evtl. Tisch; ein großes Stück eines einfarbigen Plüschstoffs oder eine kleine Stoffkatze; viele unterschiedliche, weiche und bunte Textilreste (z. B. Filz, Wolle, Plüsch etc.); bunte Pappen oder feste Tonpapiere (50 x 70 cm); Flüssigkleber; Scheren; Stifte

Die Kinder sitzen im Stuhlkreis oder rund um einen Tisch. Zur Einführung werden Fragen wie die folgenden gestellt:

- Wie fühlt sich das Fell einer kleinen Katze an?
- Magst du gerne Katzen oder andere Tiere mit Fell streicheln und, wenn ja, warum?
- Oder, wenn nicht, warum nicht?

Dann wird ein großes Stück eines einfarbigen Plüschstoffs oder eine kleine Stoffkatze reihum in der Gruppe weitergereicht. Jedes Kind darf den Stoff bzw. die Stoffkatze nun für sich (wenn es will, mit geschlossenen Augen) und ohne Worte befühlen, spüren, wahrnehmen und dann weitergeben. Danach werden wieder Fragen dazu gestellt:

- Wie fühlte es sich an?
- Fühlte es sich ähnlich an wie eine kleine Katze?

Anschließend gestaltet jedes Kind mit den oben angegeben Materialien ein Katzenfell-Streichelbild. Dafür holt es sich ein Stück Pappe oder Tonpapier und beginnt, sich aus dem reichhaltigen Fundus an Textilresten etwas dafür auszusuchen und zurechtzuschneiden. Dabei sollte man keine zu großen Stoffteile anbieten, da die Bastelarbeit noch selbstständig für die Kinder machbar sein soll. Für die Unter-Dreijährigen dagegen sollte man die Stoffreste bereits zugeschnitten zur Verfügung stellen. Was das Kind von den Stoffresten nicht mehr braucht, legt es wieder zurück.

Wenn alle Stoffstücke zugeschnitten worden sind, werden sie als Collage und möglichst nahe aneinander auf die Pappe aufgeklebt. Nun können alle Kinder sachte mit den Fingern und/oder beiden Händen über ihr Streichelbild streichen. Dabei überlegen sie, ob sich ihr Bild ähnlich anfühlt wie das Fell einer echten Katze. Zum Schluss wird jedes Werk mit dem Namen des jeweiligen Kindes versehen und zum Trocknen beiseitegelegt. Am nächsten Tag wird dann zusammen mit den Kindern aus allen diesen Werken eine zeitlich befristete Streichelwand gestaltet.

Variante

Die Gruppe kann aus den Materialien auch gleich gemeinsam eine einzige große Streichelcollage basteln, z. B. für den Gruppenraum.

Methodisch-didaktischer Hinweis

Das Berühren und Betrachten von Weichem hat eine entspannende Wirkung, ebenso wie die Wärme des Materials. Dies stärkt bei den Kindern das Gefühl von Geborgenheit und Sicherheit. Und da jedes Kind bei diesem Angebot anschließend einen freien und selbst gewählten Zugang zu seinem Streichelbild hat, kann es diese Erfahrung jederzeit wiederholen und dadurch verinnerlichen.

Was ich schon alles über Katzen weiß!

Ziele:	Stärkung der taktilen Wahrnehmung; Erkennen der eigenen Gefühle; sich verbal zu diesem Thema ausdrücken können, von den eigenen Erfahrungen erzählen
Alter:	ab ca. 4 Jahren
Material:	evtl. Sitzkissen; ein großes Stück eines einfarbigen, plüschigen Stoffs oder eine kleine Stoffkatze; Glockenspiel

Die Kinder sitzen im Kreis auf dem Boden, evtl. auf bequemen Sitzkissen. Zum Einstieg wird nach den Vorerlebnissen und -kenntnissen der Kinder mit bzw. über Katzen gefragt, also z. B.:

- Hat jeder schon einmal eine Katze gestreichelt?
- Was hat er dabei erlebt, wie hat er sich gefühlt?
- Was braucht eine kleine Katze, damit sie sich wohlfühlt und groß und stark werden kann?

Alle Kinder dürfen nun reihum von ihren Erfahrungen mit dem Thema erzählen. Anschließend reicht die Spielleitung ein großes Stück einfarbigen, plüschigen Stoffs oder eine kleine Stoffkatze an die Kinder weiter und jedes Kind darf nun den Stoff bzw. die Stoffkatze spüren, fühlen und wahrnehmen. Dabei wird wieder gefragt:

- Fühlt sich eine echte Katze auch so an?
- Was magst du daran, was eventuell nicht und warum?

Zum Abschluss verwandeln sich alle Kinder auf „eins-zwei-drei“ in Glückskatzen, die auf allen Vieren durch den Raum schleichen und ihn dabei erforschen. Fauchend, schnurrend und miauend treffen sie dabei auf die anderen Katzen, erobern Tische, die Bauecke usw. Dann werden sie müde, kuscheln sich auf ihren Lieblingsplatz und schlafen schnurrend ein, bis sie ein akustisches Zeichen (z. B. ein Glockenspiel) wieder sanft weckt. Da strecken und recken sich alle auf Katzenart und sind wieder frisch und munter!

Komm mit, wir fahrn nach Afrika!

Eine Vorlesegeschichte zum Thema „Beziehungen und Freundschaften“

„Im Kindergarten war es heute gar nicht lustig“, erzählt Sarah Papa beim Zähneputzen vorm Schlafengehen. „Warum denn, hast du dich mit einem der Kinder gestritten?“, fragt Papa. „Nein, aber keines der Mädchen wollte mit mir in der Puppenecke spielen, nicht einmal Mia!“ „Na so was?“, wundert sich Papa, spuckt schnell den weißen Zahnputzschaum aus und spült sich den Mund mit Wasser nach. „Ich dachte, Mia ist deine neue beste Freundin? Hast du dann ganz alleine gespielt?“ „Na ja, zuerst schon und dann habe ich gemalt und dann wollte der Max, dass ich zu ihm in die Bauecke komme und einen Turm baue. Doch das wollte ich nicht, und überhaupt, er ist doch ein Junge!“
„Hmm,“ überlegt Papa, „Max, ist das nicht der neue Junge vom Haus gegenüber?“ „Kann schon sein“, antwortet Sarah und wäscht sich ihr Gesicht. „Vielleicht fühlt er sich alleine? Seine Familie ist doch erst vor Kurzem hier hergezogen. Und wahrscheinlich geht es ihm so wie dir damals, als wir nach Petershagen gekommen sind und du niemanden zum Spielen hattest. Frag ihn doch mal, ob er nachmittags zu uns kommen möchte.“ „Aber Papa, Max ist doch ein Junge!“ „Na und, das war ich auch mal und wir spielen doch prima miteinander“, schmunzelt Papa. „Na ja, ich kann es ja mal versuchen“, meint Sarah.
Am nächsten Morgen im Kindergarten ist Max schon ganz früh da. Ganz alleine sitzt er in der Bauecke und legt einen Baustein nach dem anderen nebeneinan-

der, so viele, dass am Ende eine ganz lange Straße daraus wird. „Was machst du denn da?“, will Sarah wissen. „Ich baue eine Eisenbahn“, erklärt Max. „So eine richtige, mit Gleisen und einem Bahnhof? Eine Eisenbahn, mit der man bis nach Italien fahren kann?“, will Sarah wissen. „Ja, und noch viel weiter, bis nach Afrika, zu den Krokodilen“, antwortet Max. „Hmm, bis nach Afrika, das ist ganz schön weit“, überlegt Sarah und guckt ihm gespannt zu. „Gibt es da auch Elefanten?“ „Klar doch, Elefanten und was du willst“, erklärt Max bestimmt und schaut Sarah dabei fragend an.
Die Eisenbahn ist schon fast fertig und Sarah findet, dass Max noch einen Turm dazu bauen sollte, „so einen wie gestern, damit alle die wilden Tiere beobachten können, sobald sie in Afrika angekommen sind.“ Doch Max sagt nichts dazu. Da

setzt sich Sarah auf den grünen Bauteppich und wartet darauf, dass Max sie wieder einlädt, mit ihm mitzubauen. Doch Max sagt noch immer nichts und Sarah denkt an Papa. „Frag ihn doch einfach mal“, hat er ihr gestern geraten, doch das Fragen ist gar nicht so einfach.

Nun kommen auch schon Petra und Mia ins Zimmer und gehen gleich in die Mal-Ecke, ohne Sara anzusehen oder Guten Morgen zu sagen. Sie kichern und flüstern sich etwas zu. Da fasst sich Sarah ein Herz und sagt zu Max: „Darf ich mitspielen?“ „Klar doch, cool!“, antwortet Max und Sarah freut sich! „Ich hole schon mal die Elefanten, Büffel und Krokodile aus der Schublade und dann, dann fahren wir nach Afrika!“, sagt sie. „Cool, Mann!“, antwortet Max nur. „Warum sagst du denn immer ‚cool‘?“, will Sarah wissen. „In der Schule sagen alle großen Jungs ‚cool‘, weißt du das denn nicht?“

„Ach so – cool!“, staunt Sarah und hat jetzt wieder einen neuen besten Freund. Einen, der sogar eine Eisenbahn bis nach Afrika bauen kann!

Spiele und Ideen zum Thema „Beziehungen und Freundschaften“

Hintergrund

Freundschaften zu schließen, ist auch für Kinder nicht immer einfach. Gerade dann, wenn sie frustriert sind oder Angst haben, ist es schwer für sie, mit ihrer inneren Gefühlswelt umzugehen und sich gleichzeitig auf ein Gegenüber einzustellen – selbst wenn sie das, entwicklungspsychologisch gesehen, schon „gut schaffen müssten“. Erleben Kinder eine für sie schwierige Situation, dann kommt es darauf an, immer wieder ihre innere Balance und ihren Mut zu stärken. Denn nur wenn sie sich im Inneren sicher und angenommen fühlen, können sie sich wirklich nach außen für Beziehungen öffnen. Dieser innere Wachstumsprozess wird durch positive Erfahrungen, verlässliche Bezugspersonen und eine insge-

samt gute sozial-emotionale Entwicklung gestärkt. Mit zunehmendem Einfühlungsvermögen lernen die Kinder dann auch allmählich, das Verhalten anderer Menschen richtig zu interpretieren und wahre Freundschaften und Beziehungen aufzubauen und zu pflegen.

Auf dem Bahnhof

Ziele:	das Wir-Gefühl innerhalb der Gruppe durch den gemeinsamen Rhythmus stärken; den Mut des einzelnen Kindes stärken, etwas alleine zu sagen und für sich alleine zu stehen; die Sprechfreude stärken; den Wortschatz erweitern
Alter:	Version 1: ab ca. 4 Jahren; Version 2: ab ca. 3 Jahren
Material:	evtl. bequeme Sitzkissen oder Stühle

Version 1
Die Kinder sitzen im Kreis, entweder auf Stühlen oder im Schneidersitz auf Sitzkissen auf dem Boden. Nach dem Vorlesen der Geschichte wird zunächst besprochen, was man auf einem Bahnhof alles entdecken kann. Anschließend sprechen alle gemeinsam den unten stehenden Text und patschen dabei im Rhythmus der Silben abwechselnd mit der rechten und der linken Hand auf ihre Oberschenkel. Der Erwachsene fügt dabei zum Einüben in der Einführungsrunde als Erster einen Begriff in die dritte Zeile ein, z. B. „Zug“.
Ab der zweiten Runde sind dann die Kinder dran, sich weitere Begriffe auszudenken. Dabei können auch Quatschwörter gewählt werden, die die Kinder erfahrungsgemäß oft leichter zum Mitmachen motivieren.

In jeder weiteren Runde fügt nun ein anderes Kind zum gegebenen Zeitpunkt einen neuen Begriff ein, so lange, bis jeder einmal dran war. Dabei kann die Spielleitung durch ein akustisches Zeichen oder eine Geste Hilfestellung geben, wann genau dieser Begriff von dem Kind in den Satz eingefügt werden muss. Zudem kommt es darauf an, mit einer lebendigen und abwechslungsreichen Stimme zu sprechen und unterschiedliche Lautstärken einzusetzen.
Abschließend gibts noch eine gemeinsame Schlussrunde mit dem ersten, von der Spielleitung genannten Begriff.

> An einem Bahnsteig,
> früh, ganz früh am Morgen,
> seh ich ein/e/n ... *(Zug, Mann, Frau, Lokomotive, Nashorn, Schlupstiputz etc.)* stehn.
> „Tut, tut, tut!" – und weiter gehts!

Version 2
Für die Kleineren wird das Spiel wie eben beschrieben gespielt, nur ergänzt hier in jeder neuen Spielrunde jeweils ein anderes Kind immer nur das fehlende Wort „Zug". Zum Abschluss spielen es alle gemeinsam noch einmal durch.

> Auf dem Bahnhof,
> früh, ganz früh am Morgen,
> seh ich einen Zug stehn.
> „Tut, tut, tut!" – und weiter gehts!

Variante
Zusätzlich kann man bei „Tut, tut, tut!" mit der rechten Hand pantomimisch zweimal an einem imaginären Strang für die Lokomotivenpfeife ziehen. Diese kompliziertere Variante aber bitte nur verwenden, wenn die Kinder wirklich „textfest" sind!

Wer will mit mir spielen?

Ziele:	sich darin üben, aktiv und mutig auf andere zuzugehen; lernen, mit einer durch Zurückweisung ausgelösten Frustration zurechtzukommen; sich in den anderen einfühlen können; das Gemeinschaftsgefühl entwickeln und stärken
Alter:	ab ca. 4 Jahren
Material:	Sitzkissen oder Teppich; Gegenstände, die die Kinder mit einer „Reise nach Afrika“ assoziieren (Bausteine, kleine Plastiktiere, Bäume etc.); Fotoapparat oder Handykamera

Alle sitzen gemütlich auf dem Boden im Kreis zusammen. Nach dem Vorlesen der Geschichte wird ein Gespräch zum Thema „Wie man einen Freund/eine Freundin findet“ begonnen. Mögliche Fragen zum Einstieg in das Thema können sein:

- Warum wollte Sarah zuerst gar nicht mit Max spielen (Stichworte: Jungen und Mädchen; Vorurteile)?
- Warum hat sie es dann doch versucht?
- Wie hat sich Max wohl gefühlt, als Sarah mit ihm spielen wollte?

Die Spielleitung entscheidet sich dabei für eine dieser Fragen, die als Impulsgeber für den Gedankenaustausch dient. Zweck des Gesprächs ist es, die persönlichen Erfahrungen und Wünsche der Kinder zu sammeln, und nicht, die Unterhaltung in eine bestimmte Richtung zu lenken oder ein bestimmtes „Ergebnis“ zu erzielen!

Danach bauen alle gemeinsam, genau wie Sarah und Max, eine Eisenbahnstrecke nach Afrika, mit einem Aussichtsturm, um wilde Tiere beobachten zu können, und vielem mehr – je nachdem, was den Kindern dabei wichtig ist. Es ist spannend, zu beobachten, welche Ideen die Kinder dazu haben und welche Materialien, Tiere etc. sie sich dafür aussuchen und einsetzen. Abschließend wird ein Foto vom Gesamtergebnis gemacht, da das Gebaute ja wahrscheinlich spätestens am nächsten Morgen weggeräumt werden wird. Selbst wenn die Kinder noch nicht ganz miteinander, sondern teilweise noch nebeneinander bauen und spielen, nähern sie sich so dem „Wir“ an und entwickeln ein Gemeinschaftsgefühl.

Methodisch-didaktischer Hinweis

Bei einer kleinen Gruppe bzw. in Kleingruppenarbeit kann man gut beide Schritte (Gesprächskreis und Bauaktion) gleich nacheinander durchführen. Wenn die Gruppe aber größer ist und Sie mit der gesamten Gruppe arbeiten möchten, dann empfiehlt es sich, das Angebot einfach aufzusplitten. Man kann z.B. das Gespräch in der Großgruppe starten, anschließend die Kinder für die Bauaktion in mehrere Kleingruppen einteilen und die Aktion an zwei aufeinanderfolgenden Tagen anbieten. Vielleicht haben sie aber auch einen größeren Raum zur Verfügung, der zum Bauen für alle Kinder gemeinsam ausreicht.

Wie Mo und Papa Blümchen wiederfinden

Eine Vorlesegeschichte zum Thema „Wahrnehmen und Regulieren der eigenen Gefühle“

Es ist Samstag und seit drei Tagen ist Sarahs Glückskatze nicht mehr nach Hause gekommen. Sarah, Mo und Mama haben die kleine Katze jeden Tag gesucht: hinter dem Bäckerladen auf der anderen Straßenseite, auf dem Spielplatz und unter jedem Strauch im Garten. „Sie kann mich doch nicht einfach alleine lassen“, weint Sarah, doch es hilft alles nichts. Blümchen ist und bleibt verschwunden.

Und obwohl Sarah traurig ist, scheint die Sonne heute – ganz so, als ob nichts geschehen sei. „Puh, ist das heute heiß!“, sagt Mama. „Hoffentlich denken Papa und Mo daran, uns ein Eis vom Einkaufen mitzubringen. Was hältst du denn davon, wenn wir zwei Mädels es uns schon mal im Garten gemütlich machen? Später, wenn es nicht mehr so heiß ist, suchen wir alle nochmals gemeinsam nach Blümchen, ja?“ Mit diesen Worten drückt Mama Sarah ein großes blaues Badetuch in die Hände und schiebt sie in Richtung Wohnungstür und hinunter in den Garten.

Unten knattert und stinkt ein Auto am Gartentor vorüber. „Du spielst im Planschbecken und ich ruh mich kurz in der Hängematte aus“, bestimmt Mama. Doch es hilft nichts! Sarah macht sich immer noch große Sorgen: „Wo bist du nur, Blümchen?“ Aber Mama liegt weiter nur gemütlich in der Hängematte und schaukelt ständig hin und her. „Du, Mami, sag mal, wann ist denn ‚später‘?“, fragt Sarah. „Später?“ Mama versteht nicht. „Du hast gesagt, dass wir später Blümchen suchen.“ „Na ja, ‚später‘ ist, wenn Papa und Mo vom Einkaufen zurückgekommen sind und wenn wir unser Eis gegessen haben“, antwortet Mama mit geschlossenen Augen. „Das dauert aber noch lange!“ „Nö, nur noch ganz kurz“, sagt Mama. „Plansch doch einfach ein wenig im Wasser, dann vergeht die Zeit schneller.“ Jetzt spritzt Sarah zielsicher Wasser in Mamas Richtung, sie ist echt sauer, doch Mama blinzelt nur und meint: „Aha, ich verstehe, du hast wohl keine Geduld

mehr, oder? Warum sagst du das denn nicht gleich?“ Endlich steht Mama auf und meint: „Na, dann komm, wir suchen jetzt Blümchen!“
Doch bevor Sarah aus dem Planschbecken klettern kann, stürmen Papa und Mo ganz ohne Einkaufstaschen und Eis aufgeregt in den Garten. „Da seid ihr ja!“, ruft Papa erleichtert. Er und Mo sind ganz außer Puste! „Wir haben euch schon oben in der Wohnung gesucht! Seht mal, wen wir gefunden haben“, sagt Papa. „Ümen!“, freut sich Mo und hält Sarah die kleine Katze hin. „Blümchen!“, jubelt Sarah und hüpft so schnell sie kann aus dem Planschbecken. „Wo warst du denn nur?“ Und Papa erzählt, wie Mo die kleine Katze im Straßengraben gleich hinter dem Spielplatz gefunden hat. Mama putzt erleichtert ihre Sonnenbrille. „Endlich bist du wieder da, du Schlingel!“, sagt sie und Papa und Mo lassen sich mit einem Krachen auf die grünen Gartenstühle fallen. „Hab ich einen Durst!“, stöhnt Papa. Und Sarah? Sarah nimmt Blümchen in die Arme und kuschelt sich glücklich zu Mama in die Hängematte. Und Blümchen? Blümchen schnurrt behaglich: „Schnrrrrrrrrrrrrrr“ – was wohl so viel heißt wie: „Bin ich froh, wieder zu Hause zu sein!“
„Danke, Papa, danke, Mo!“

Spiele und Ideen zum Thema „Wahrnehmen und Regulieren der eigenen Gefühle“

Hintergrund

Sich seiner Gefühle bewusst zu werden und sie benennen zu können, ist die Grundlage dafür, die eigenen Emotionen regulieren zu lernen. Trauer und Aggression sind beispielsweise zwei Emotionen, die im Grunde genommen zusammengehören, so wie die beiden Seiten einer Münze. Als Außenstehender und Erwachsener ist es nicht immer leicht nachzuvollziehen, was eine bestimmte Situation für ein Kind bedeutet. Doch hat ein Kind ein grundsätzliches Vertrauen

zu einer Bezugsperson entwickelt und fühlt es sich in Sicherheit und angenommen, dann kann es lernen, seine Gefühle frei zu äußern und zu ihnen zu stehen, ohne Angst haben zu müssen, dafür bestraft zu werden.

Vom Verlieren und Wiederfinden

Ziele:	das Gemeinschafts- und Zugehörigkeitsgefühl stärken; Freude am Fabulieren und am Spiel mit der Sprache haben; die Fantasie und eigene Ideen entwickeln; sich auf kreative Weise mit dem Thema „Verlieren und Wiederfinden“ beschäftigen und evtl. über eigene Erfahrungen damit austauschen
Alter:	ab ca. 4 Jahren
Material:	Sitzkissen oder Decke; Gegenstände oder Fotos, die zu einem Thema passen, mit dem sich die Gruppe gerade beschäftigt, oder zur Geschichte von „Blümchen“; evtl. Aufnahmegerät (z. B. Kassettenrekorder oder MP3-Player mit Aufnahmefunktion); evtl. Farbwürfel

Bei dem folgenden Spiel geht es einfach nur um die Freude am gemeinsamen fantasiereichen Fabulieren. Alle, die Kinder und die Spielleitung, sitzen bequem im Kreis auf einer Decke oder auf Sitzkissen auf dem Boden. Zur Unterstützung für das Geschichtenerfinden liegen in der Mitte des Kreises unterschiedliche Gegenstände oder Fotos.
Die Spielleitung erzählt, dass sich nun alle gemeinsam eine neue Geschichte ausdenken wollen. In der Geschichte soll es darum gehen, dass man zuerst etwas verliert und es dann später wiederfindet. Alle Kinder dürfen sich nun nach-

einander je einen Gegenstand bzw. ein Foto auswählen und dann gehts auch schon los! Auch die Spielleitung nimmt sich einen Gegenstand bzw. ein Foto und beginnt dann die Geschichte, in der es ums Verlieren und Wiederfinden geht (z. B.: „Es war einmal ein mächtiger Zauberer, der eines Tags seinen Zauberhut nicht mehr finden konnte …“, oder: „Es war einmal eine Prinzessin, die eines Tages ihren linken Schuh nicht mehr finden konnte …“).
Anschließend fügt der Reihe nach jedes Kind seinen eigenen Beitrag zu dieser Geschichte hinzu, jeweils passend zu dem Gegenstand bzw. Foto, für das es sich entschieden hat. Jedes Kind, das mit seinem Beitrag fertig ist, legt dann seinen Gegenstand bzw. sein Foto wieder zurück in die Mitte und das nächste Kind spinnt den Faden der Geschichte weiter. Wie sich die Geschichte entwickelt, weiß also niemand – nur dass am Ende alles gut ausgeht und das Verlorene wiedergefunden wird, steht fest!
Um die Erzählkunst der Kinder festzuhalten und die Geschichte zum Abschluss in der Gruppe nochmals anzuhören, kann man die Erzählung evtl. auch aufnehmen.

Variante

Wenn man mit einer sehr großen Gruppe arbeitet, kann man das Spiel dergestalt abwandeln, dass die Kinder sich entscheiden können, ob sie in einer ersten Runde lieber Erzähler oder Zuhörer sein wollen. Über diese Rollenverteilung kann man auch einen Farbwürfel entscheiden lassen. Rot bedeutet dann z.B. „Erzähler“ und blau „Zuhörer“. Wenn die Rollen feststehen, sucht sich jeder Erzähler einen Gegenstand oder ein Foto aus der Mitte. Die Spielleitung startet mit dem ersten Satz und anschließend gehts wie oben beschrieben weiter, jedoch spinnen hier nur die Erzähler die Geschichte fort. In der nächsten Runde werden dann die Rollen gewechselt. Auch hier gilt die Regel, dass die Geschichte am Ende immer gut ausgehen muss.

Methodisch-didaktischer Hinweis

Je mehr Gegenstände oder Fotos angeboten werden, desto schwieriger wird für die Kinder die Auswahl. Deshalb ist es hilfreich, die Anzahl der Gegenstände

oder Fotos je nach Altersstufe der Kinder abzuändern. Je jünger die Kinder sind, desto weniger Gegenstände sollte man zur Auswahl anbieten und desto einfacher und klarer sollten die Gegenstände beschaffen sein. Ältere Kinder lieben dagegen eine größere Auswahl. Doch egal, um welche Altersgruppe es sich jeweils handelt: Wichtig ist immer, den Kindern genügend Zeit für ihre Wahl zu geben und nicht selbst für ein Kind entscheiden!
Sie werden außerdem feststellen: Im sogenannten „magischen Alter“ lieben die Kinder Geschichten, in denen Helden- und Fantasiefiguren vorkommen.

Ein Willkommensmobile zum Start in das Kita-Jahr

Ziele:	das Wir-Gefühl in der Gruppe entwickeln und stärken; sich so darstellen dürfen, wie man gerne sein bzw. gesehen werden möchte; erste Überlegungen dazu anstellen, in wessen Gesellschaft man sich gerne aufhalten möchte, wen man gerne mag
Alter:	ab ca. 3 Jahren
Material:	weiße Papierteller; Wolle oder Luftschlangen; Farbstifte und evtl. Pinsel und Farben; Glitzersand; Stoffschleifen; Scheren; Kleber; ein Foto von jedem Kind; Schreibstift; Nadel und Faden; dünne Stäbchen oder Äste für das Mobile oder ein Holzreifen

Jedes Kind wählt sich einen Pappteller aus und bemalt ihn mit „seinem“ Gesicht. Dann dekoriert es das Gesicht so, wie es selbst gerne sein oder gesehen werden möchte, also mit langen oder kurzen „Haaren“ aus Wolle oder Luftschlangen, lachend oder ernst, glitzernd oder schlicht. Auf die Rückseite des Tellers wird das Foto des Kindes geklebt und sein Name dazugeschrieben, evtl. auch das Geburtsdatum. Mithilfe von Nadel und Faden werden die Werke der Kinder dann aufgehängt. Man kann sie z. B. in Form eines „Gesichter-Mobiles“ an Ästen oder Stäben befestigen, die dann in der Mitte des Gruppenraums aufgehängt werden, oder auch an einem Holzreifen draußen in der Gruppengarderobe. Wichtig dabei ist nur, dass jedes Kind für „sein Gesicht“ genügend Platz bekommt und mitentscheiden darf, wo es hängen soll und wo nicht. Die Gesichter sollten zudem für alle gut sichtbar und zugänglich sein, damit sie auch von den Eltern bewundert und wahrgenommen werden können.

Methodisch-didaktischer Hinweis

Zu Beginn des Kindergartenjahres ist immer viel los. Die Kinder müssen sich oft erst noch zu einer wirklichen Gemeinschaft zusammenfinden. Sie sollen die neuen Namen kennen, Regeln akzeptieren lernen und sich, wenn auch nur für kurze Zeit, von ihrem Zuhause und von den Eltern trennen. Diese Eingewöhnungsphase läuft nicht immer reibungslos und ohne Tränen ab. Doch auch das gehört dazu, um ein Zusammengehörigkeitsgefühl entwickeln zu können. Das „Gesichter-Mobile“ ist eine Möglichkeit, sich selbst symbolisch darzustellen, ohne viele Worte seinen Platz innerhalb der Gruppe zu finden und sich in die Gemeinschaft aufgenommen zu fühlen.

Jedes Kind ist in der Gesamtgruppe ein gleichwertiger Teil. Und egal, was der bzw. die Einzelne auch schon alles gut kann oder noch lernen möchte oder soll: Das „Gesichter-Mobile“ ist ein schönes Symbol dafür, dass alle in der Gruppe zusammengehören und eine Gemeinschaft bilden.

Sarahs allerschönster Geburtstag

Eine Vorlesegeschichte zum Thema „Selbstwirksamkeit und Selbstwertgefühl"

Morgen ist es endlich so weit, Sarah hat Geburtstag! Sie wird fünf Jahre alt, und zwar genau um 11.10 Uhr! „Gute Nacht, Süße," sagt ihre Mama, „schlaf jetzt, morgen wirds ein langer Tag." Ja, wenn das nur so einfach ginge! In Sarahs Bauch kribbelt und krabbelt es vor Aufregung und Freude. Dann, irgendwann zwischen Sternegucken und Mo's leisem Atmen – „Ch, ch, ch" –, schläft sie doch ein. Und sie träumt, dass sie ganz alleine auf einem fliegenden Teppich sitzt und mit ihm in das Traumland reist, bis in den Elfengarten ...

Im Garten der Elfen ist viel los! Beinahe alle Bewohner sind schon wach und auf den Beinen. Sie hasten durch den weiten Garten. Schwere Tische werden herumgeschoben und Stühle eilig zurechtgerückt. Ist denn etwas passiert? Ach, richtig! Jetzt erinnert sich Sarah wieder: Rosemarie, die kleinste Elfenprinzessin, hat ja heute Geburtstag! Nicht irgendeinen, sondern den vielleicht allerwichtigsten in ihrem ganzen Elfenleben! Denn Rosemarie wird heute genau 135 Blütenjahre alt! Und genau einen Tag nach diesem Geburtstag beginnt für jede kleine Elfe und jeden kleinen Elfen die Schulzeit. Ja, so ist das im Traumgarten!

„Wie gut, dass Rosemarie heute noch so tief und fest schläft", flüstert Frau Sternenglanz Herrn Käfer zu. „Es muss noch so vieles für das Fest gemacht werden." Doch halt, was ist da los? Gleich hinter den Tomatenstauden, in einer stillen Ecke des Gartens, sitzt eine kleine graue Schnecke und versteckt sich. Frau Meise, die

gerade vorüberflog, hat sie dort entdeckt. „Was hast du denn?“, zwitschert sie fragend. „Ach,“ seufzt die kleine Schnecke, „ich hab kein Geburtstagsgeschenk für Rosemarie, nicht einmal das klitzekleinste! Seit Tagen übe ich für sie einen Tanz als Geschenk ein. Ich wollte mich so leicht wie eine Feder im Wind drehen und hoch in die Lüfte springen. Doch wie ich es auch versuche, ich schaffe es einfach nicht!“

Frau Meise streichelt tröstend über das Haus der Schnecke und zwitschert: „Das hört sich wirklich ernst an!“ Während die beiden still überlegen, was zu tun ist, beginnt es zu regnen. Erst nur ein klein wenig, doch bald umspülen sie dicke, fette Regentropfen. Alle Bewohner des Traumgartens flüchten sich irgendwo hin: unter die Bänke und Tische, hinein in die Sonnenschirme aus Blattgrün und hinüber zu den Himbeersträuchern. „Schnell, schnell, bevor wir alle pitschnass werden!“ Doch schon bald darauf ist die Regenwolke weitergezogen und die liebe Sonne lacht wieder.

In der Aufregung hat niemand bemerkt, dass die kleine Elfe erwacht ist. Jetzt steht sie neugierig auf der obersten Treppenstufe ihres Schlosses. „Was ist denn los?“, gähnt sie und reibt sich den letzten Schlaf aus den Augen. Alle Gartenbewohner kriechen so schnell sie können aus ihren Verstecken hervor und rufen: „Überraschung! Alles Gute zum Geburtstag, Rosemarie!“ und winken ihr zu. Doch was ist denn das? Ach herrjemine! Genau dort, wo die Schlosstreppe endet, hat der Regen eine dicke Wasserpfütze angesammelt! Jetzt kann keiner mehr die Schlosstreppe hinauf und niemand mehr hinunter in den Garten gehen, ohne nasse Füße zu bekommen! Keiner, auch nicht Rosemarie! „Das ist keine gute Geburtstagsüberraschung!“, sagt Herr Eule und schüttelt ratlos seinen Kopf und alle anderen machen es ebenso.

Doch da meldet sich die kleine Schnecke schüchtern zu Wort: „Wasserpfützen machen mir gar nichts aus und wenn Rosemarie einverstanden ist, dann hole ich sie ab und bringe sie hinüber zum Festplatz.“ „Ein Schneckentaxi, das durch Wasserpfützen fahren kann? Nein, so etwas gab es noch nie!“, wundern sich die Bewohner des Elfengartens. Doch Rosemarie ist begeistert! „Hurra, ein Abenteuer!“, lacht sie. Und die kleine Schnecke freut sich! Furchtlos kriecht sie los, mit-

ten hinein in die Wasserpfütze und immer weiter und weiter, bis zur Schlosstreppe. Dort wartet Rosemarie schon. Mutig hopst sie auf das graue Schneckenhaus und schon gehts wieder zurück. Zuerst wackelt das Häuschen ein wenig, doch die kleine Schnecke kriecht geschickt und sachte weiter durch das tiefe Wasser und trägt die Prinzessin sicher durch den Regentropfensee.
Beim Festplatz angekommen, gibt ihr die Prinzessin einen dicken Kuss. „Danke, liebe Schnecke, für dieses wunderschöne Geburtstagsgeschenk!“ Mit einem lauten Tusch verkündet Herr Eule: „Das Fest kann beginnen!“ Und die kleine Schnecke? Vor Freude färbt sie sich über und über bunt wie ein Regenbogen.
„Rumms, pling, pläng!“, kracht es da laut aus der Küche in das Kinderzimmer herüber. „Was ist denn los, bin ich noch im Traumgarten oder schon wach?“, wundert sich Sarah. Doch da stürmen auch schon Mama, Papa und Mo ins Kinderzimmer, denn jeder will sie aufwecken. „Guten Morgen, Geburtstagskind!“, sagt Mama und wuschelt wild durch Sarahs Haare. Und dann entdeckt Sarah in Papas Händen ihre Geburtstagskrone! Sie glitzert und leuchtet und sieht fast genauso aus wie die Krone der kleinen Elfenprinzessin.
Was für ein schöner Geburtstag!

Spiele und Ideen zum Thema „Selbstwirksamkeit und Selbstwertgefühl“

Hintergrund

Resiliente Kinder können nicht zuletzt deshalb besser mit ihren Stärken und Schwächen umgehen, weil sie wissen, dass sie so geliebt und geschätzt werden, wie sie sind. Sie gehen davon aus, dass sie eine Lösung finden werden – ganz egal, was auch immer auf sie zukommt oder geschehen wird. Sie sind überzeugt davon, dass die Dinge gut ausgehen, auch wenn dafür großer Mut, der Wille, sich dem Unbekannten zu stellen, und die Bereitschaft, ein Risiko einzugehen, notwendig sind. Sie wissen: „Ich schaffe das schon!“

Wir basteln eine Elfen-Geburtstagskrone

Ziele:	Fantasie und Tatkraft stärken; eigene Ideen entwickeln und umsetzen; stolz sein dürfen auf die eigene Leistung, auch wenn sie nicht „perfekt" ist; Konzentration und Ausdauer schulen; sich selbst motivieren und überwinden lernen
Alter:	ab ca. 4 Jahren
Material:	stabile Tonpapierbögen; Stift; Scheren; Kleber; Malfarben oder -stifte; Materialien zum Verzieren der Krone (Glitzersand, Federn und alles andere, was den Kindern einfällt); Tacker

Zum Einstieg sprechen die Kinder gemeinsam über die Geschichte von Sarahs Elfengeburtstags-Traum, die zuvor von dem Erwachsenen vorgelesen wurde. Mögliche Fragen können dabei sein:

- Warum hat die kleine Schnecke wohl die Farbe gewechselt?
- Wie es ihr wohl damit ging?
- Wie geht es dir, wenn du dich über etwas freust, wenn du nervös wirst oder dich schämst?

Dann besprechen die Kinder, wie eine Elfen-Geburtstagskrone aussehen könnte. Welche Farben und welche Form hat sie? Ist sie glitzernd oder eher nicht? Vielleicht gibt es eine Kronenform, auf die sich alle gemeinsam einigen können, vielleicht aber auch eine speziell für die Jungs und eine andere für die Mädchen? Doch das ist ganz allein die Entscheidung der Kinder. Wie diese Grundform dann letztlich verziert wird, entscheidet jedes Kind für sich alleine! Die Spielleitung

zeichnet nun nach der Idee der Kinder eine entsprechende Grundform auf stabile Tonpapierbögen auf. Dazu sollten keine Schablonen verwendet werden, damit später jede Krone zwar die gleiche Grundform hat, aber dennoch etwas anders aussieht und einen individuellen Charakter besitzt. Jedes Kind schneidet sich seine Krone anschließend selbst aus und bemalt und verziert sie nach seinen Vorstellungen. Mit einem Tacker wird die Krone zum Schluss individuell an den Kopfumfang des jeweiligen Kindes angepasst.

Methodisch-didaktischer Hinweis

Der gemeinsame Entscheidungsprozess, wie die Grundform der Krone aussehen könnte, ist ein wichtiger Bestandteil dieses Angebots und soll den Kindern den

Impuls geben, zu lernen, in einer Gruppe Lösungen zu finden. Wie entscheidet man sich gemeinsam für eine Grundform und wie kann ich, darauf aufbauend, eine eigene, individuelle Kreation entwickeln? Die gemeinsame Kronenform stellt zudem ein Symbol für das Wir-Gefühl in der Gruppe dar, die individuelle Ausführung steht dagegen für die Individualität der Kinder.

Schön, dass du da bist!

Ziele:	das Wir-Gefühl in der Gruppe stärken; sich in eine Gruppe einfügen lernen; aufeinander achten lernen; erfahren, dass man in der Gruppe willkommen ist; das Rhythmusgefühl schulen; durch die Wiederholung des Liedes das Gefühl von Sicherheit stärken („Ich kenne mich aus!"); die Vernetzung der beiden Gehirnhälften fördern (durch die Überkreuzbewegungen der Hände im Sinne der pädagogischen Kinesiologie)
Alter:	Version 1: ab ca. 2 Jahren; Version 2: ab ca. 4 Jahren
Material:	bequeme Sitzkissen oder Stühle

Die Kinder stehen im Kreis oder sitzen im Kreis auf Stühlen oder auf Sitzkissen auf dem Boden. Dann stellt die Spielleitung den Kindern den Text des bekannten Begrüßungslieds „Hallo, hallo! Schön, dass du da bist" rhythmisch singend zuerst einmal ohne und dann mit den unten angegebenen Bewegungen vor. Beim nächsten Durchgang machen dann alle mit. Dabei gibt es eine einfache Version für die Kleineren und eine etwas kompliziertere für die Größeren:

Version 1

Hallo, hallo! — *Mit beiden Händen gleichzeitig über die Körpermitte nach rechts und nach links winken (der Blick des Kindes folgt dabei der Bewegung der Hände)*

Schön, dass du da bist. — *Beide Hände kurz aufs Herz legen*

Hallo, hallo! — *Erneut über die Körpermitte nach rechts und nach links winken*

Ich freue mich so sehr. — *Beide Hände wieder kurz aufs Herz legen und sie gleich darauf wieder öffnen*

Version 2

Hallo, hallo! — *Mit beiden Händen gleichzeitig über die Körpermitte nach rechts und nach links winken (der Blick des Kindes folgt dabei der Bewegung der Hände)*

Schön, dass du da bist. — *Beide Hände kurz aufs Herz legen*

Hallo, hallo! — *Erneut über die Körpermitte nach rechts und nach links winken*

Ich freue mich so sehr. — *Beide Hände wieder kurz aufs Herz legen, sie gleich darauf wieder öffnen und dann entweder zweimal klatschen, zweimal abwechselnd rechts und links mit den Füßen stampfen oder zwei Bussis zur rechten Seite und zwei Bussis zur linken Seiten hin geben. Wichtig ist, dass sich die Kinder dabei vorab für eine der Möglichkeiten entscheiden.*

Variante

Wenn die Kinder in Text und Bewegung sicher sind, kann das Spiellied durch den Einsatz von unterschiedlichen Stimmlagen oder Lautstärken (z. B.: „leise wie ein Mäuschen“ oder: „laut wie ein Bär“ etc.) noch mehr Schwung und Freude am gemeinsamen Erleben bringen. Dadurch bleibt es auch für die „Großen“ interessant.

Methodisch-didaktischer Hinweis

Dieses Angebot kann sowohl in der großen Gruppe als auch in Kleingruppen gut durchgeführt werden. Die Kombination von Bewegung, Singen und der Freude am Tun gefällt den Kindern und motiviert sie zum Mitmachen, auch wenn sie vielleicht noch nicht so gut Deutsch sprechen oder erst noch den Mut entwickeln müssen, in die Gruppe hineinzuwachsen. Es bietet sich an, das Lied jeweils ca. zwei- bis dreimal hintereinander, beispielsweise als Begrüßungsritual am Morgen, durchzuspielen.

Bald ist wieder Winter

Eine Vorlesegeschichte zum Thema „Achtsamkeit und innere Balance“

„*Huj, huu, kchhhhhh!*“ Wild stürmt der erste Novemberwind durch die Straßen von Petershagen, rüttelt an den Fenstern und Fensterläden und wirft Mülltonnen um. Er reißt die letzten bunt gefärbten Blätter von den Bäumen und wirbelt sie die Straße hinunter. „Dieses Jahr wirds wohl früher Winter werden“, überlegt Papa, als er am Abend nach Hause kommt. „Ja, mich friert jetzt schon, wenn ich nur daran denke!“, sagt Mama. Sie steht gerade in der Küche und rührt die Spaghettisoße um. „Gleich gibts Abendessen!“, freut sich Sarah und in ihrem Mund wird es ganz wässrig. „Hmmmmmh, Spaghetti!“ „Seid doch so lieb und deckt schon mal den Tisch“, bittet Mama.

Da klingelt das Telefon. Es ist Opa und er fragt: „Könnt ihr am Wochenende kommen? Wir haben noch so viel Obst an den Bäumen und schaffen es nicht, alles rechtzeitig vor dem ersten Frost zu ernten.“ Doch ausgerechnet dieses Wochenende muss Papa arbeiten und so fahren Sarah, Mo und Mama alleine nach Mitterfelden. Und wirklich: In Omimis und Opas Garten hängen noch unzählige Birnen, Zwetschgen und Äpfel an den Obstbäumen. „Wenn wir alle zusammenhelfen, dann werden wir es schon schaffen“, hofft Omimi.

Und wirklich! Schon Sonntagmittag ist alles Obst wohlgeordnet im Keller verstaut. „Das ging ja schneller, als ich dachte“, freut sich Opa und als Dankeschön bäckt Omimi zwei dicke Apfelstrudel mit Rosinen und viel, viel Zimt. Einen Strudel, den sie gleich essen wollen, und einen zum Mitnehmen nach Petershagen. „Damit dein Papa auch noch etwas davon hat“, flüstert Omimi Sarah ins Ohr. Hmmh, wie es aus dem Backofen duftet! Sarah guckt durch das breite Backofen-

fenster und beobachtet, wie die Strudel immer brauner und knuspriger werden. „Sobald die Strudel fertig sind, gehen wir raus in den Garten und sagen allen Bäumen ein großes Dankeschön für das viele Obst“, bestimmt Omimi.
„Den Bäumen Dankeschön sagen, wie soll das denn gehen?“, wundert sich Sarah. „Das wirst du gleich sehen“, murmelt Omimi geheimnisvoll und holt eine große dunkelblaue Schachtel aus dem Garderobenschrank. Sie ist übervoll mit kunterbunten und unterschiedlich langen und breiten Seidenbändern, Spitze

und Wollresten. „Wie schön!“, freut sich Sarah. „Wo hast du denn all die Bänder her?“ Und Omimi erzählt, dass sie schon seit sie ein Kind war diese kleinen Kostbarkeiten gesammelt und dann in der Schachtel aufhoben hat. „Weißt du, irgendwann kann ich jedes Band brauchen und heute ganz besonders!“
Und dann gehen sie gemeinsam in den Garten und schmücken einen Baum nach dem anderen damit. Zuerst binden Omimi und Sarah ein dickes Geschenkband um jeden Baumstamm und dann, nach und nach, schmücken sie gemeinsam mit Mama, Mo und Opa alle Äste, die sie ohne Leiter erreichen können. Bald flattern unzählige bunte Seidenbänder lustig im kalten Wind. „Jetzt kann der Schnee kommen!“, freut sich Opa und Sarah umarmt ihren Lieblingsapfelbaum und sagt ganz laut, damit es auch alle Bäume im Garten hören können:
„Danke, liebe Bäume, schlaft gut bis zum Frühling!“

Spiele und Ideen zum Thema „Achtsamkeit und innere Balance“

Hintergrund

Das emotionale Gleichgewicht beeinflusst Gedächtnisleistung, Lernmotivation und das soziale Verhalten von Kindern. Ist ihr Wohlbefinden beispielsweise durch zu viel Leistungsdruck oder ein erschütterndes Erlebnis aus den Fugen geraten, dann hilft als „Sofortmaßnahme“ oft eine bewusste Auszeit, um so wieder leichter zur inneren Balance zurückzufinden. Je nach Tagesverfassung und Grundtypus brauchen manche Kinder dabei vor allem Bewegung und freie, selbst gewählte Spielaktionen, andere eher Ruhe, Stille, Rückzug und/oder einfach Trost und Zuspruch. In diesem Zusammenhang kann es passieren, dass das tatsächliche Bedürfnis des Kindes nicht sofort erkennbar ist. Manche Kinder, die eigentlich müde sind und sich zurückziehen möchten, reagieren beispielsweise mit Lärmen und Herumtoben, manche Kinder, die traurig sind, mit Aggression

und wieder andere ziehen sich zurück, obwohl sie eigentlich die Nähe suchen. In diesem Fall wird Ihnen als Erzieherin oder Erzieher oft Ihr eigenes Bauchgefühl helfen, um zu erkennen, was wirklich los ist.

Das Apfelbäumchen

Ziele:	übergroße Anspannung abbauen; durch vertiefte Atmung Entspannung erreichen und in eine Wohlfühlphase kommen; die Körperwahrnehmung stärken; ein Sicherheitsgefühl entwickeln („Der Boden trägt mich!"); die kindliche Fantasie mithilfe entspannender innerer Bilder anregen; die Freude an der Sprache stärken
Alter:	ab ca. 4 Jahren
Material:	Matten oder Wolldecken; Klangschale und Schlägel; evtl. Duftlampe oder Kerzenlicht; evtl. leichte Decken zum Zudecken

Für alle Kinder im Raum sind Matten oder Wolldecken ausgelegt. Jedes Kind darf sich nun seinen „Wohlfühlplatz" frei auswählen, legt sich dort mit dem Rücken auf seine Matte oder Decke und schließt die Augen. Der Raum ist gut gelüftet, leicht abgedunkelt (bzw. das Licht ist gedimmt) und die Raumtemperatur angenehm warm. Bei Bedarf kann man auch leichte Decken zum Zudecken bereithalten, denn bei Entspannungsübungen am Boden kann es sein, dass manche Kinder leicht frieren. Es empfiehlt sich zudem, außen an die Tür des Gruppenraums für die Dauer der Übung ein Schild mit der Aufschrift „Bitte nicht stören!" zu hängen.

Sobald alle Kinder auf dem Rücken liegen und angekommen sind, wird die Klangschale ein Mal angeschlagen. Wenn der Ton verklungen ist, liest die Spielleitung mit ruhiger Stimme den folgenden Text vor und führt die Kinder so durch die gesamte Geschichte:

„Es ist Sommer und die Sonne strahlt hell und warm. In einem weiten Garten steht ein kleines Apfelbäumchen. Fest verwurzelt steht es mitten auf einer grünen Wiese voller duftender Blumen. Die Sonne berührt mit ihrem Licht jedes seiner Blätter. Es streckt sich weit hinauf in den blauen Himmel und sein Herz fühlt sich leicht und froh.

Doch dann kommen die wilden Herbststürme! Der erste Wind streicht nur leicht wie ein Hauch über das Bäumchen hinweg; über seine Wurzeln und bis hinauf zu seinen Ästen. Der zweite Wind ist schon wilder. Und der dritte Sturm zerrt und reißt gar so lange an jedem seiner herbstbunt gefärbten Blätter, bis er eines nach dem anderen auf eine lange Reise mit sich nimmt. ‚Lebt wohl, lebt wohl, meine Lieben', flüstert ihnen das Bäumchen traurig nach. ‚Leb wohl, leb wohl', flüstern sie zurück und freuen sich auf eine spannende Reise!
So vergehen viele Tage und Nächte. Das Bäumchen steht kahl und leer da und dann, an einem nebeligen Morgen, zieht der Winter mit Eis und Schnee in den Garten ein. Zarte Schneeflocken umhüllen nach und nach das grüne Gras, die Blumen im Garten und bald sogar das kleine Bäumchen. Die ganze weite Welt sieht so aus, als ob sie eine kuschelige Mütze aus weiß glitzernden Schneekristallen trüge.
Unser Apfelbäumchen spürt: ‚Jetzt wird es Zeit, schlafen zu gehen und mich auszuruhen!' Es sammelt all seine Kräfte tief in seinen Wurzeln, dort, wo die Winterkälte niemals hinkommt, und wird dabei müder und müder. Viele Wochen verbringt es so in Ruhe und Stille und vollkommen geschützt.
Dann, eines Morgens, beginnt die weiße Decke aus Schnee weich zu werden. Eine Schneeflocke nach der anderen zerfließt in der ersten Frühlingssonne, wird zu Matsch und bald darauf zu Wassertropfen. Die Wassertropfen sickern in die Erde ein, immer tiefer und tiefer, bis hinab zu den Wurzeln der Bäume.
‚Pling, pling, poch!', klopfen sie an die Wurzeln und verkünden so: ‚Aufwachen, aufwachen, liebe Bäume, es ist Zeit!' Auch unser Apfelbäumchen erwacht nun aus seinem tiefen Winterschlaf. Es reckt und streckt sich bis weit hinauf in die Baumspitze und noch weiter.
Schon nach kurzer Zeit steht es, übervoll mit weißrosaroten Blüten geschmückt, voller saftig grüner Blätter und prächtig wie eh und je im Garten. Ja, sogar noch viel schöner als im letzten Jahr!
Stark und fest steht es im hellen Sonnenschein und freut sich!"

Zum Abschluss wird noch einmal die Klangschale angeschlagen, als Zeichen dafür, dass sich die Kinder, noch im Liegen, ausgiebig dehnen und strecken dürfen, um wieder ganz in das Hier und Jetzt zurückzukommen. Sobald alle aufgestanden sind, klopfen sie sich sanft ab: Erst die Arme, dann den Bauch, die Beine und den Popo und am Ende wird noch der ganze Körper ausgeschüttelt. Abschließend tauschen sich die Kinder über die Erfahrungen, inneren Bilder und Gefühle aus, die sie während der Geschichte erlebt haben.

Sonne, liebe Sonne!

Ziele:	Nähe spüren und zulassen; Nähe geben und dabei dem anderen gegenüber achtsam sein; lernen, zu sagen, was einem gut tut und was nicht; die taktile Eigenwahrnehmung stärken; das Einfühlungsvermögen in das Gegenüber schulen; einfach entspannen
Alter:	schon für die Allerkleinsten geeignet, tut aber in jedem Alter gut!
Material:	bequeme Sitzkissen, Stühle oder Decken; evtl. Hautcreme

Die Kinder sitzen auf Stühlen oder Sitzkissen oder liegen auf Decken auf dem Boden. Als Einführung in diese einfach zu erlernende Handmassage erklärt der Erwachsene den Kindern kurz, worauf es dabei ankommt. Anschließend darf sich jedes Kind die Rolle wählen, mit der es beginnen möchte, also entweder der Schenkende sein, der die Massage gibt, oder der Beschenkte, der sich nun verwöhnen lassen darf. Die Rolle des Masseurs können die Kinder dabei selbst-

verständlich erst ab einem gewissen Alter übernehmen, die Massage selbst ist allerdings schon für die Allerkleinsten geeignet.
Nachdem alle ihre Rolle gewählt haben, legt das Kind, das mit der Massage beschenkt wird, eine seiner Hände in die dominante Hand (d. h. meist die rechte Hand) seines Spielpartners. Dieser beginnt nun nach dem Muster der unten stehenden Abbildungen eine „Sonne“ in die ihm anvertraute Hand zu „malen“. Dabei kann eventuell auch ein Tupfer Hautcreme verwendet werden.
Die Berührungsimpulse werden sanft mit den Fingerspitzen gesetzt, in langsamen und gleichmäßig fließenden Bewegungen und immer von innen nach außen in der Hand. Wenn gewünscht, kann der Druck der Berührung mit den Fingern im Laufe der Massage auch etwas verstärkt werden.
Wenn ein Handteller auf diese Weise „bemalt“ worden ist, kommt die andere Hand dran. Die Massage kann, je nachdem, wie lange die Kinder von sich aus gerne mitmachen und es genießen möchten, erfahrungsgemäß durchaus fünf Minuten oder länger dauern. Wichtig ist, dass immer beide Hände massiert und erst danach die Rollen gewechselt werden.

Schritt 1

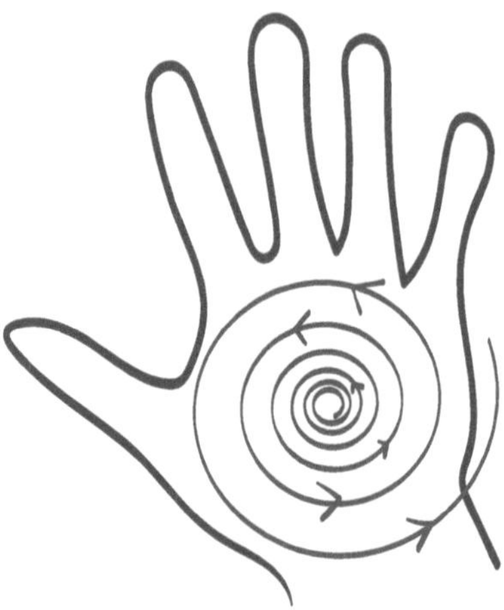

Schritt 2

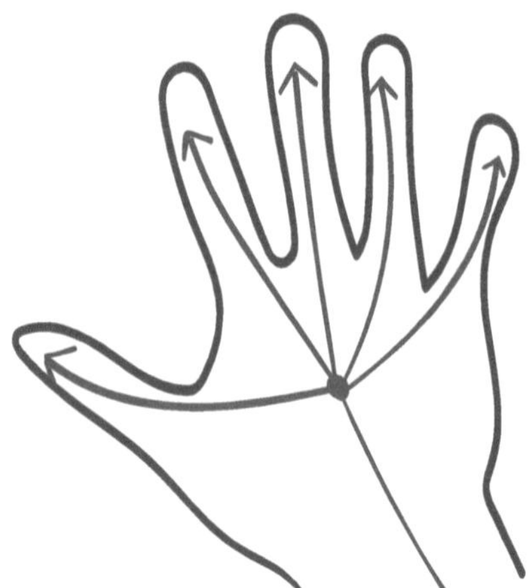

Methodisch-didaktischer Hinweis

Sanfte körperliche Berührungen bewegen die Kinder auch auf der emotionalen Ebene! Eine Massage sollte daher stets nur dann angeboten werden, wenn das Kind diese auch wirklich möchte und annehmen will. Die meisten Kinder lieben jedoch solche kleinen Massagen wie die hier angebotene. Sollte ein Kind sie dennoch ablehnen, so ist es wichtig, die Gründe dafür zu verstehen: Liegt es vielleicht an seiner aktuellen Tagessituation oder an seinem Verhältnis zum Spielpartner, d.h. zum Massierenden? Und wie reagiert das Kind generell auf Berührungen?

Zum Schluss

Wir leben in einer globalisierten Arbeits-, Konsum- und Mediengesellschaft, die sich immer schneller in Richtung einer künstlichen und überwiegend die kognitiv-intellektuellen Fähigkeiten fordernden Lebenswelt entwickelt. Doch das Fundament, auf dem sich ein Kind gesund entwickeln kann, ist nicht der Besitz des neuesten Handys oder der modisch aktuellsten Markenkleidung, auch nicht die ständig wachsende Menge abfragbaren Wissens.

Ein Kind, das seinen eigenen Wert kennt und davon überzeugt ist, ganz unabhängig von diesen Dingen wertvoll zu sein, ist weniger auf äußere Anerkennung angewiesen. Es traut sich zu, Konflikte zu bewältigen, seine Meinung frei zu äußern und auch wirklich Nein zu sagen, wenn es Nein meint. Deshalb brauchen Kinder die Erfahrung, dass sie geliebt und erwünscht sind – nicht ihrer Leistung wegen, sondern einfach nur, weil sie da sind.

Kinder, die sich geliebt und angenommen fühlen, haben eine größere Chance, in ihrem Leben emotional und körperlich gesund zu bleiben und sich so zu Erwachsenen zu entwickeln, die ihre Aufgaben – trotz aller Belastungen – mit sozialer Kompetenz und Verantwortungsgefühl meistern.

„Die Farben deiner Gedanken färben deine Realität.“
(frei nach Seneca)

Literaturhinweise

Brandl, Marion: Resilienz – Kinder fürs Leben stärken, hg. von der Autonomen Provinz Bozen-Südtirol, Abteilung 24 – Familie und Sozialwesen, Bozen 2010, unter: www.provincia.bz.it/sozialwesen/download/Resilienz.pdf (letzter Zugriff am 8.12.2015).

Cyrulnik, Boris: Rette dich, das Leben ruft!, Ullstein, Berlin 2013.

Doubek, Katja: Was uns nicht umbringt, macht uns stark. Wie man eine schwierige Vergangenheit überwindet, Rowohlt, Reinbek b. Hamburg 2003.

Fröhlich-Gildoff, Klaus; Rönnau-Böse, Maike: Resilienz (UTB-Profile), Ernst Reinhardt Verlag, 3., aktualisierte Auflage, München/Basel 2014.

Gibt es das Glücksgen? Resilienz physiologisch gesehen (Sendereihe „scobel“, Sendung vom 16.1.2014), unter: www.3sat.de/mediathek/?mode=play&obj=41064 (letzter Zugriff am 8.12.2015).

Kubitschek, Gabriele: Die 50 besten Spiele zur Resilienzförderung, Don Bosco Medien, München 2014.

Rampe, Micheline: Der R-Faktor. Das Geheimnis unserer inneren Stärke, Droemer-Knaur, München 2005.

Scheithauer, Herbert; Petermann, Franz: Zur Wirkungsweise von Risiko- und Schutzfaktoren in der Entwicklung von Kindern und Jugendlichen, in: Kindheit und Entwicklung, Jg. 8 (1999), H. 1, S. 3–14.

Was die Seele stark macht: Resilienzforschung (Sendereihe „scobel“, Sendung vom 16.1.2014), unter: www.3sat.de/mediathek/?mode=play&obj=41033 (letzter Zugriff am 8.12.2015).

Yates, Tuppett Marie F.: Resilience at an Early Age and Its Impact on Child Development: Comments on Luthar and Sameroff (2006), in: Encyclopedia on Early Childhood Development, unter: www.child-encyclopedia.com/pages/PDF/YatesANGxp.pdf (letzter Zugriff am 8.12.2015).

Zimmer, Renate: Was Kinder stark macht, Herder, Freiburg i. Br. 2006.

Zimmermann, Peter: Vom Emotionserkennen zum Emotionsverständnis. Entwicklungsveränderungen des Wissens von Kindern über Emotionen, in: Fried, Lilian (Hg.): Das wissbegierige Kind. Neue Perspektiven in der Früh- und Elementarpädagogik, Beltz Juventa, Weinheim 2008, S. 119–133.

Einige Fachbegriffe

Bindungstheorie: Die Bindungstheorie wurde von dem schottischen Psychoanalytiker und Sozialarbeiter James Robertson, der US-amerikanisch-kanadischen Entwicklungspsychologin Mary Ainsworth und dem britischen Kinderarzt, Kinderpsychiater und Psychoanalytiker John Bowlby entwickelt. Sie beruht auf der Annahme, dass Menschen ein angeborenes Bedürfnis haben, enge und intensive Beziehungen zu ihnen nahestehenden Mitmenschen aufzubauen. Man geht davon aus, dass das erste Lebensjahr dabei von besonderer Bedeutung ist.

Kauai-Längsschnittstudie: Die Kauai-Längsschnittstudie der US-amerikanischen Entwicklungspsychologinnen Emmy E. Werner und Ruth S. Smith wird als erste Untersuchung zum Thema „Resilienz“ betrachtet. Hierbei wurde auf der Hawaii-Insel Kauai der komplette Geburtsjahrgang 1955 (698 Probanden) von der pränatalen Entwicklung bis zum 40. Lebensjahr im zeitlichen Längsschnitt untersucht. Primäres Ziel der Studie war es, die Langzeitfolgen prä- und perinataler Risikobedingungen und die Auswirkungen ungünstiger Lebensumstände in der frühen Kindheit auf die physische und psychische Entwicklung zu erforschen und Schutzfaktoren zu identifizieren.
Bei jedem dritten Kind, das an der Untersuchung teilgenommen hatte, wurde ein hohes Entwicklungsrisiko festgestellt, d.h., es waren mindestens vier Risikofaktoren, wie z.B. Armut oder Geburtskomplikationen, vorhanden. Von diesen Kindern zeigten im Alter von zehn Jahren zwei Drittel schwere Lern- und Verhaltensstörungen (z.B. mangelnde Aggressionskontrolle), wurden im Verlauf der Erhebungen straffällig oder wiesen im Jugendlichenalter psychische Probleme

auf. Das restliche Drittel dieser Probanden mit erhöhtem Entwicklungsrisiko entwickelte sich jedoch normal. Anhand dieser resilienten Gruppe konnten diverse Schutzfaktoren identifiziert werden (vgl. Brandl, 2010, S. 26).

Kohärenzgefühl: Dieser aus der Salutogenese (s. unten) stammende Begriff bezeichnet die angeborene Fähigkeit des Kindes, zwischen seiner Umwelt (v. a. stabilen Bezugspersonen) und sich selbst eine stimmige Grundverbundenheit wahrzunehmen. Dieses grundlegende Vertrauen des Kindes in das Leben und in sich selbst gilt es im Sinne der Resilienz zu stärken.

Pädagogischer Humor: Dieser Begriff wurde von dem Göppinger Studiendirektor Dieter Kassner geprägt.

Resilienz: In der Psychologie wird mit Resilienz die Stärke eines Menschen bezeichnet, Lebenskrisen oder anhaltende Beeinträchtigungen durchzustehen. So werden z. B. Kinder als resilient bezeichnet, die in einem risikobelasteten sozialen Umfeld aufwachsen, das gekennzeichnet ist durch Armut, Drogen, Flucht und Vertreibung, Gewalt etc., und die sich dennoch zu gesunden und starken Persönlichkeiten mit sozialen Kompetenzen entwickeln.

Salutogenese: Kernpunkt des von dem israelisch-amerikanischen Medizinsoziologen Aaron Antonovsky (1923–1994) in den 1970er-Jahren entwickelten Modells der Salutogenese ist die Auffassung, dass Gesundheit als einen Prozess zu verstehen ist und nicht als unveränderlicher, statischer Zustand. Daher wird beim salutogenetischen Ansatz nicht die Frage gestellt: „Warum wird der Mensch krank?“, sondern: „Was hält ihn gesund?“

Vulnerabilität: Als Vulnerabilität wird die Verwundbarkeit eines Menschen durch körperliche, soziale und psychische Risikofaktoren bezeichnet. Vulnerabilität ist somit das Gegenteil von Resilienz.

Zur Autorin

Gabriele Kubitschek, Erzieherin mit Zusatzausbildungen in Sprachtherapie, Entspannungstechniken, Kunst und Konfliktmanagement. Sie entwickelte das BIM-BAM-BINI®-Konzept für alltagsintegrierte Sprachbildung und Resilienzförderung für Kinder, ist Autorin zahlreicher Fachartikel und Bücher, Malerin und Fortbildnerin. www.bim-bam-bini.de